蕭中正總裁與總裁夫人藍英美女士鶼鰈情深。

蕭中正有一個雙胞胎姊姊蕭慕貞，兩人嬰兒時期合影，右邊是蕭中正。

嬰兒時期蕭中正與全家難得合影。父親蕭耀卿（左一）抱著剛出生的蕭中正，母親蕭涂寶貝（左二）抱著雙胞胎姊姊蕭慕貞，阿姨（左三）抱著蕭中正的二哥蕭澤民，外公（右二）抱著大哥蕭振亞，後排站立者是二舅涂盛昌（右一）。

蕭中正在潮州老家門口留影。

年輕時藍英美外型亮麗，
品學兼優。

民國 55 年到 58 年左右，蕭中正與藍英美熱戀，兩人回到女方母校屏東女中走走。

蕭中正、藍英美郎才女貌，佳偶天成，男醫師與女教師的結褵，是當年長輩們選婿挑媳婦最熱門的相親配對。

談了三年戀愛，民國 57 年，蕭中正與藍英美正式文定。

蕭中正與藍英美結婚照，從雙方禮服的款式、造型與捧花，可看出當年流行的趨勢。

蕭中正岳母藍涂菊與出生約四個月的外孫蕭乃彰合影。

圖左是蕭中正的岳父藍秀禁在屏東老家抱著剛出生不久的外孫蕭乃彰；圖右是岳母藍涂菊。

民國六〇年代蕭婦產科診所的外觀。

蕭婦產科診所時期，適逢台灣的嬰兒潮，蕭中正每天忙碌行醫。

當年診所的掛號領藥窗口。

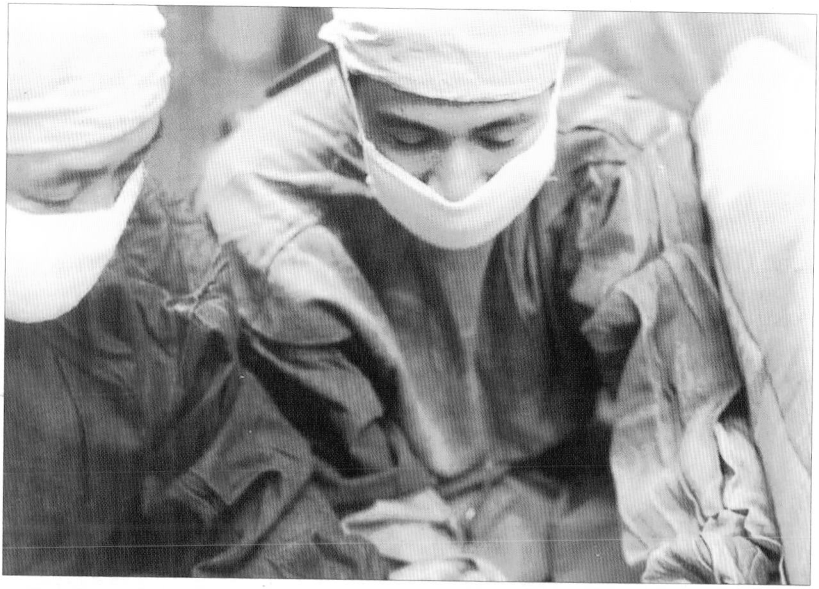

恩師徐千田醫學博士（左一）到蕭婦產科醫院，親自指導蕭中正（圖中）開刀，留下難得師徒合影。

民國 67、68 年左右，醫院重建施工，蕭中正老丈人藍秀禁特地北上監工，前後蓋了兩年，民國 70 年左右才完成。

蕭婦產科第二時期的外觀。

母子情深。藍英美帶約莫三、四歲的兒子乃彰到當時知名的大同水上樂園戲水。

哥哥疼妹妹。民國 61 年左右，哥哥蕭乃彰偷親未滿周歲的妹妹夙倩。

診所護士帶蕭家三兄妹到附近散步。

全家在自宅慶生。

年輕爸爸蕭中正難得有空陪伴孩子們出遊。

蕭中正、藍英美與幼時的乃彰、夙倩、彥彰全家福。

蕭中正看診繁忙之餘，在起居室忙裡偷閒看報。

蕭中正育有兩兒一女，從左到右分別是蕭夙倩、蕭乃彰、蕭彥彰。

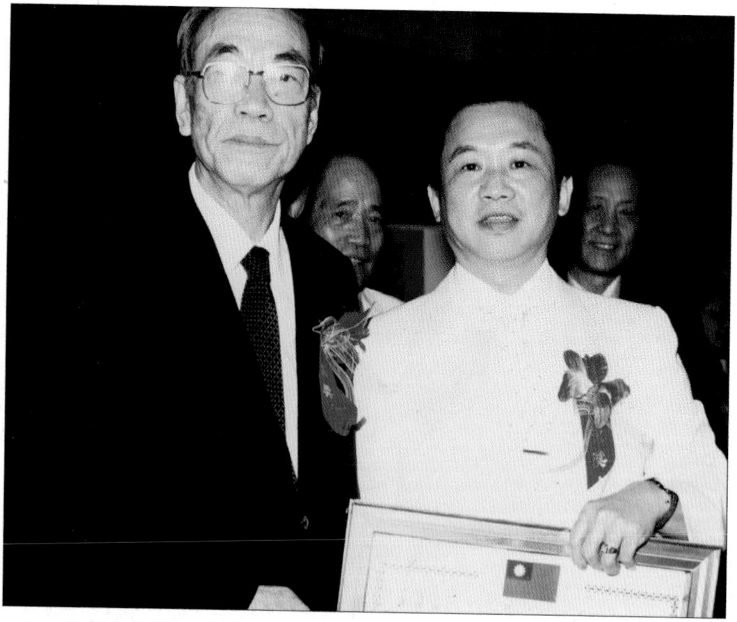

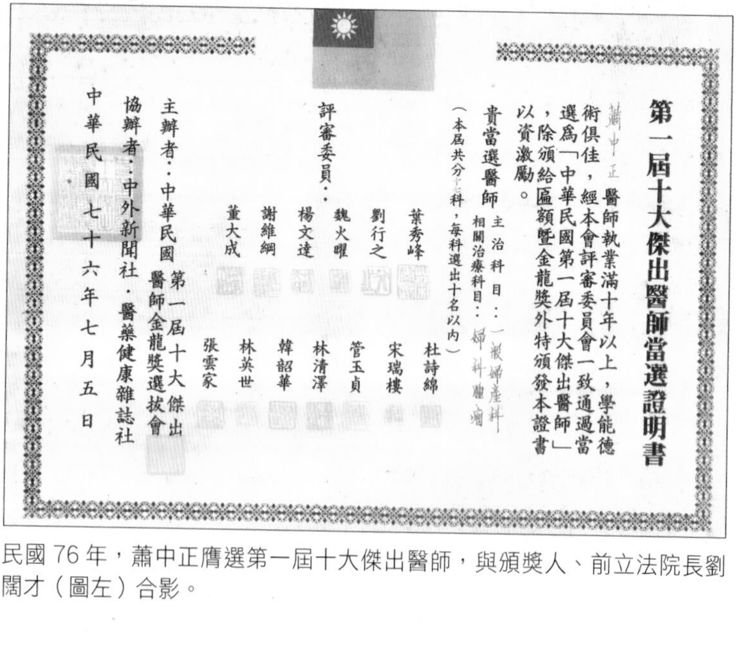

第一屆十大傑出醫師當選證明書

蕭中正 醫師執業滿十年以上，學能德術俱佳，經本會評審委員會一致通過當選爲「中華民國第一屆十大傑出醫師」，除頒給區額暨金龍獎外特頒發本證書以資激勵。

貴當選醫師 主治科目：一般婦產科
相關治療科目：婦科腫瘤
（本居共分十七科，每科選出十名以內）

評審委員：
葉秀峰　劉行之　魏火曜　楊文達　謝維綱　董大成
杜詩綿　宋瑞樓　管玉貞　林清澤　韓韶華　林英世　張雲家

主辦者：中華民國第一屆十大傑出醫師金龍獎選拔會
協辦者：中外新聞社．醫藥健康雜誌社

中華民國七十六年七月五日

民國 76 年，蕭中正膺選第一屆十大傑出醫師，與頒獎人、前立法院長劉闊才（圖左）合影。

民國 79 年蕭中正與藍英美重披婚紗，偕同三個子女，拍下彌足珍貴的全家福彩色照，也彌補當年結婚時只有黑白照的遺憾。

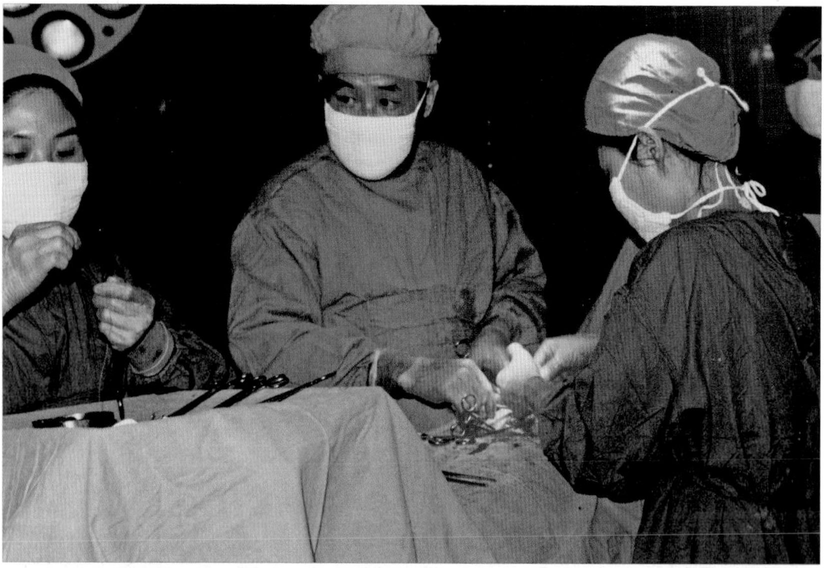

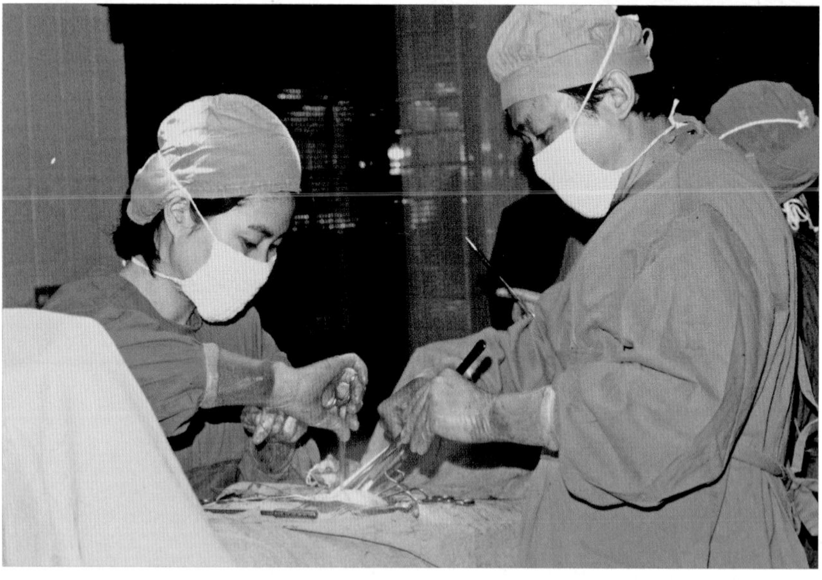

從婦產科時期，蕭中正醫院的設備就與時俱進。蕭中正為子宮肌瘤的患者開刀，留下珍貴的影像紀錄。

蕭中正醫院的前身是蕭婦產科醫院。

現在的醫院招牌是夫人藍英美題字。

蕭中正醫院的舊招牌。

蕭中正父親蕭耀卿（左一），平日嚴肅權威，不苟言笑，蕭中正每次見到父親都正襟危坐，這張難得露出輕鬆笑容。

蕭中正父親蕭耀卿北上住三天，藍英美趁機邀公公一同入鏡，與三位正值青少年的孫兒孫女，留下難得的彩色全家福合影。

民國 79 年夙倩考完大學聯考，彥彰考完高中聯考，第一次全家出國同遊歐洲一個月。

大兒子乃彰獨自飛往美國當小留學生，多年後，他高中畢業典禮這天，擔任畢業生代表致詞，蕭中正、藍英美特地飛往參加，倍感驕傲。

蕭中正、藍英美與小兒子彥彰，一同參加女兒夙倩台大心理系畢業典禮。

彥彰台北醫學院畢業典禮當天，全家到齊祝賀。

蕭氏一族感情和睦，蕭家二代紛紛開枝散葉，定期聚會，祖孫三代在自來水博物館前合影。

蕭中正當選模範父親。

藍英美當選模範母親。

向來有拍全家福合照習慣的藍英美，這回加上大媳婦劉惠敏（左一），一家人留下難得博碩士服合影。

蕭中正行醫滿五十年紀念。
民國 104 年 11 月 8 日，蕭中正接受社團法人新北市醫師公會理事長周慶民致贈獎牌。

年輕時終日忙碌診間的蕭中正，直到很多年以後，才有時間帶太太出遊，藍英美笑稱：「後來我們每一年都有蜜月之旅」。（圖為兩人在日本加賀屋）

蕭中正一家出遊，長孫 Stephen 當時年紀雖小也跟著大人騎腳踏車。後排由左至右分別是蕭中正、藍英美、夙倩的丈夫子威和彥彰。

蕭中正年輕時工作忙碌，無法經常帶家人出外遊玩，現在兒女個個有所成就，閒暇之餘享受含飴弄孫之樂。

蕭中正經常陪長孫 Stephen（右一）騎腳踏車，如今他已經長得比爸爸乃彰高了，祖孫再次騎腳踏車，別有一番風趣。

總裁蕭中正與營運長蕭乃彰父子合影。

自從藍英美動過脊椎大手術，需要漫長復健，為了讓藍英美開心，家人時常陪伴她四處走走看看，為她打氣。

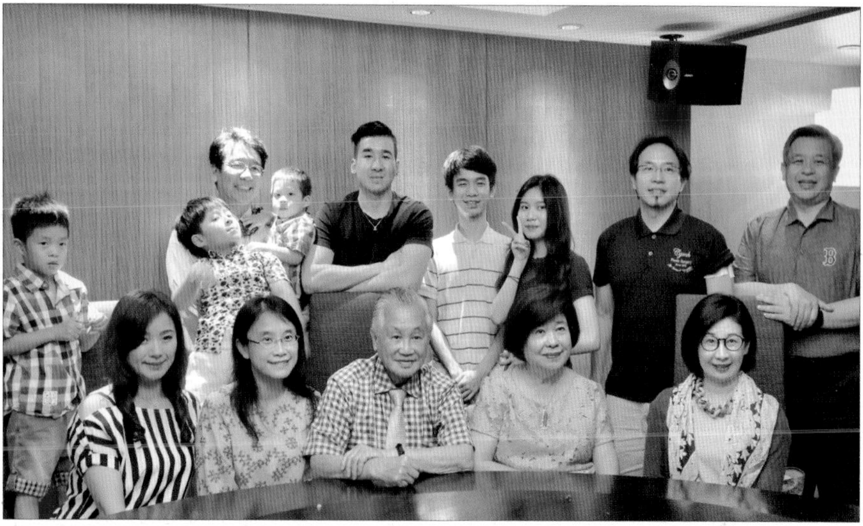

總裁蕭中正的兒女們各自組成小家庭、孫輩也開始到國外留學後，家族聚會要全員到齊愈來愈不容易。民國 109 年 5 月難得每個人都在台灣，共祝母親節。

中正醫路

從醫師到總裁

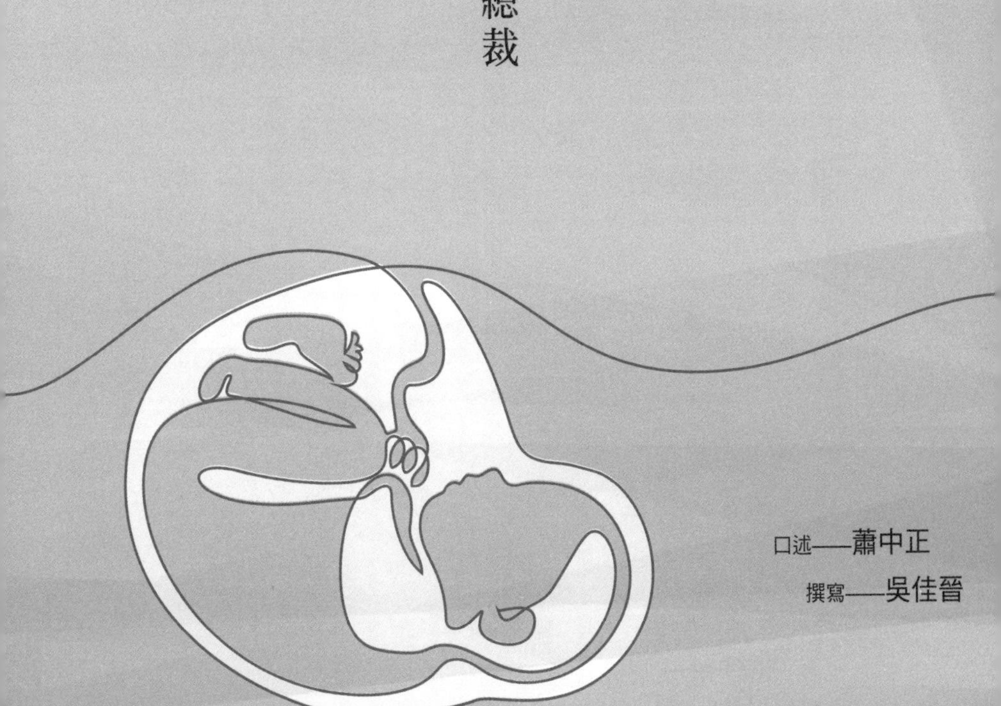

口述——蕭中正

撰寫——吳佳晉

目錄

序—推薦序

壹—童年時期

貳—求學時期

參—成家立業時期

肆 醫院創立轉型時期

伍　家人支持成就了我

附　推薦與心得

目錄

我老好命

自序——蕭中正醫療體系院長暨總裁

怎樣用一句話代表我的一生？說起來很難也很簡單，我腦海裡直覺浮出「人生圓滿、一生順遂」這八個字，簡單來說，就是「老好命」啦！

古代儒家提出所謂的「三不朽」，也就是立德、立功、立言，用現代的話來詮釋，可以理解為人生的三個最高標準。

三不朽當中，「立德」居首位，簡單地說，就是誠信做人。我一輩子行醫，最重視的就是醫德，這點我有自信。

我從念醫學系當學生開始，受過無數老師栽培、前輩指導，七年醫學院、實習醫師、住院醫師、總醫師到主治醫師，當時日子過得好艱苦，不過現在一一回想起來，全都化成甘甜的回憶。我很慶幸自己當年歷經過鐵血訓練，我才能夠獨當一面、懸壺濟世將近半世紀之久。

捨棄留在教學醫院，選擇當開業醫，算是當年大勢所趨吧！在恩師徐千田大將鼓勵下，我的名字就是醫院招牌，一路從「蕭婦產科」、「蕭中正醫院」到現在的「蕭中正醫療體系」，儘管有一度面臨經營困境，也曾考慮過要不要把醫院租出去，所幸太太英美勸我堅持下去，這才沒把醫院名字丟了！

我想，建立名聲不只是將醫院取作自己的名字而已，更重要的是我們執業期間幫助過許多人，不只跟在地的老病人還有聯繫，還有多方打聽、遠道而來的病人，我們的醫術闖出了名號，獲得病患青睞，現在那些老病人遇到困難、身體不舒服，一樣會想起我們，會來給我看診，病人知道我是真心關懷他們的健康。作為醫師，能夠贏得病人的信任和尊敬，應該也算是一種「立功」了吧！

取之於社會、用之於社會，年輕時我受過那麼多恩惠，現在我有能力了，也很願意為社會、國家盡一份力，所以我們蕭中正醫療體系不只照顧生病的人，也照顧需要長期照護的銀髮族。

我們自己投資成立車隊、請醫師外出巡診等，這些新嘗試並不容易，但我們還是願意花心力去做；甚至，我們期望能夠成為一個起點，讓其他有能力的醫院也一起來做，一起回饋社會，讓所有在這塊土地上的人民都能夠過得更好。

人生真的很奇妙，我從來沒想過，有朝一日我竟然從院長變成總裁，大大出乎我意料之外。

這十幾年來，我們父子聯手，在優秀的醫療團隊成員們的付出和堅持之下，我們把地區型的蕭中正婦產科專科醫院，成功轉型為蕭中正醫療體系，旗下擁有醫院、診所、物理治療所、居家護理所、藥局、交通運輸車隊以及醫藥實業公司，我們擁有數百名員工、承擔著許多家庭的未來，企業社會責任重大。

我們打造了台灣第一家「醫養結合」的清福醫院，在跨界整合醫療與養護方面，我們實務經驗豐富，可說是台灣邁向高齡化國家的最佳模範。

這一路走來，點點滴滴都在我心頭，一路上提攜過我的、幫過我的、給過我的磨練，每位貴人、每件好事，難以細數，但其實我全都記得，沒有我的家人、我的前輩跟同學同業們，還有優秀專業的醫療團隊成員們，我也不可能有這麼充實美好的一生。

寫書「立言」，對我來說反倒更像是回顧，一路以來我是怎樣打拚、受過多少幫助，平常大家都各自忙碌，很難一一感謝，可是透過寫書立傳回顧，我記錄了自己倒吃甘蔗、漸入佳境的專業生涯，也很期盼當初見證過這些努力過程的親朋好友，都能收到我誠摯的感恩。

從中正兄身上，我看到人生不同風景與無限可能

中央研究院院士　魏福全

我認識蕭中正總裁約有二十多年，雖未能見到他整個精彩行醫生涯中辛苦耕耘、播種、萌芽及開始茁壯的那一階段，卻有幸能見證他現正志業終於成蔭，並得以傳承最精華的這一時刻。

中正兄不僅是位成功的開業醫師，在專業的婦產科上享有盛名，也是傑出的醫院經營者、醫師企業家。由於洞悉到健保制度、少子化及醫院大型化可能給開業婦產科帶來的衝擊，他早在廿多年前就有了跨業經營的理念，並進行應有的準備，終而造就了今天成果斐然的醫療志業！

其中，最讓我驚訝的是，中正兄將好學不倦的精神與毅力發揮到了極致；在繁忙工作之餘下，幾年內竟然陸續將家醫、氣喘、慢阻塞性肺疾病、感染、安寧、老人及肥胖醫學等多張證照一一考取在手！而這些證照及學習中所獲得的知識，也都成為他後來能成立蕭中正醫療體系最重要的基礎、不可或缺的一部份。

再者，令人敬佩的是，他具有一般醫師在經營醫院上難得有的敏感度及高

度，才能讓他找到以當今政府極欲推動的「長照」為利基點，切入他的事業、聚焦於結合「醫」及「養」打出特色。他的體系目前擁有二所醫院、二間診所、二家居家護理、三家藥局、四家公司（截至二〇二〇年止），這樣在醫界同仁中少見的格局，不僅提供了許多志同道合的醫療從業者共同發展專業的平台，也善盡了醫者照顧慢性病患，特別是需要呼吸照護或洗腎者服務的社會責任！

中正兄積極進取也擅於言辭表達，他為人謙虛有禮，總是面帶笑容，讓人感到和藹可親，我相信這種人格特質不僅造就了他事業上的成就，也是他家庭和樂的基礎。中正兄擁有美滿的家庭、夫妻恩愛、父慈子孝，他與蕭夫人之間的伉儷情深在書中溢於言表、處處可見。大兒子乃彰由美返台，接其衣缽，讓他後繼有人；二兒子彥彰服務於醫學中心為台灣當今鼻部整形重建權威；女兒夙倩為臨床心理師，貼心孝順；個個讓他感到驕傲與幸福，怪不得他自覺自己「老好命」，著實讓人羨慕！

《中正醫路》是中正兄口述、資深媒體人吳佳晉執筆之作，全書共分為五大章節；他在前三章節中對自己童年、求學及成家立業的經歷娓娓道來，讓生於二戰後、成長背景略似、同樣發展於台灣經濟起飛時期的我，讀來倍感親切。

第四個章節的「醫院創立及轉型」描述他對醫療志業的理念，分享他從培育人才、專注定位及跨界合作來克服困境，以致終能由逆轉勝的秘訣。這讓服務於醫學中心，終身浸淫於服務、教學、研究的象牙塔的我，見識到同為醫師，走不同路徑所創造出來的另一種高格局的成就，或許對社會的貢獻更大。

最後一章節「家人支持成就了我」則讓我感動不已，美滿幸福的家庭，不僅是人生挫折的最佳避風港，更是追求人生理想最大動力的來源，中正兄也給了我們最好的示範。

熱血的醫生魂澎湃

考試院院長　伍錦霖

蕭中正總裁是我屏東同鄉的老大哥，和他在台北市屏東縣同鄉會共事四十多年迄今，也是我國婦產科醫學的權威醫師，中正兄的新書《中正醫路》即將付梓，囑我撰寫序文，身為同鄉老友，自然義不容辭，尤其能夠拜讀原稿，搶先體悟一位仁心仁術、懸壺濟世良醫生命故事的書，本人倍感榮幸。

中正兄成長於戰爭時代，孕育出無畏艱難的性格，本書貫穿中正兄的童年、求學、成家立業、醫院創立、經營管理及轉型各時期，兼及家人生活點滴。不僅是一位權威醫師的自述或回憶，更可以成為醫界年輕後輩習醫及執業的典範；對一般民眾而言，則是可以概略瞭解醫療院所這個行業，並獲得相關知識的好書。

書中提及在求學時期「拒絕七兩金挖角」的故事。民國五十多年，中正兄在住院醫師的第二年，被指派到宜蘭醫院代診，因表現良好，院方開出條件每個月以七兩黃金（當時相當新台幣二萬元）聘請他，而在原來的醫院月薪只有新台幣三、四百元。但當時中正兄認為自己醫術還有待磨練，技術未臻完善就上陣，對病患及他自己都不是好事，於是婉拒了被高薪挖角的機會。

「被人賞識固然高興，但還是決定摸著自己的良心，在『正確的選擇』和『容易的選擇』兩者當中，選擇對自己最能交代的那一個。」是中正兄作此抉擇的心情寫照，也最能發人深省。

本書部分篇章也記錄了中正兄獨立開業以來的回憶，記錄著婦產科醫師的辛勞，憑著精湛的技術，他讓無數的小生命順利誕生。尤其在沒有健保的年代，遇到付不出錢的病患，中正兄總是先醫再說，這種醫者父母心的慈悲，就是仁心仁術的情懷，讓人不得不由衷的佩服。

哈佛大學史密斯教授曾說：一位優秀的外科醫師需具備老鷹的眼睛（Eagle's Eyes）、獅子的心（Lion's Heart）和女人的手（Lady's Hand），我認為還要加上一顆慈悲的心，才能成為一位優秀的醫師。蕭總裁中正兄近半世紀的行醫過程，充分展現仁醫的醫術與醫德。

「行醫濟世是我這輩子只會做的一件事，這是我最大的樂趣，也是我一生最大的價值所在。」這是書裡中正兄的一段自述。從蕭婦產科到蕭中正醫院，再到蕭中正醫療體系；從診所到地區醫院，再成功轉型成為區域型的醫療體系，結合慢性醫療長期照護，貼心服務病患，這就是中正兄持續追求其一生的價值理念──「行醫濟世」所努力獲致的成果，堪稱杏林典範。

除了事業有成，中正兄的家庭生活也圓滿幸福。夫人藍英美女士擔任醫療集團的副總裁，夫妻鶼鰈情深，互相扶持，教育子女有方，個個傑出。大公子乃彰獲美國醫學博士學位，曾在美國執業，現已返台繼承衣缽，發揮營運管理長才，接下醫療體系的營運重擔；千金夙倩也留學美國，獲得心理學碩士學位，現也在台安醫院擔任臨床心理師；二公子彥彰現擔任林口長庚醫院整形外科主任，為國內鼻整形專家。一門三傑，二子一女在各自醫療專業領域發光發熱，服務社會。

本書附錄後記以相當大篇幅，逐一介紹蕭中正醫療體系所有團隊成員，並感謝他們的付出與辛苦，甚至也包括了在車隊服務多年的司機駕駛，在此書中也特別予以肯定表揚，在在顯示了蕭總裁是一位至情至性、心存感恩、惜緣的大家長。

中正兄的字典裡沒有「退休」兩字，熱血醫生魂依然澎湃，在此分享我拜讀此書的心情與感想，並將這本好書推薦給大家，樂為之序。

醫德典範

前衛生福利部部長　林奏延

認識蕭中正總裁是在偶然的機會。其後幾次的見面，對於蕭總裁年逾八十，卻還很有活力，甚至還持續進修有關醫學上的專業課程，讓我相當的敬佩。

總裁師承婦產科泰斗徐千田教授，早年在板橋開業婦產科，得到板橋在地人的信任及肯定。後來更擴大創建了蕭中正醫療體系，整個營運的方式緊緊圍繞著病人的需求，設身處地幫病患和家屬解決問題。

蕭醫師長公子蕭乃彰醫師為美國婦產科名醫，近年返國協助父親醫療事務，並發展生技產業，次公子蕭彥彰醫師為林口長庚醫院一般整形外科主任及教授，一門三傑，同為廣大病患服務，傳為佳話。

這本《中正醫路》非常推薦給所有在醫療體系工作的夥伴，書中學習成為醫師的過程，足以作為大家的典範與標的。

蕭家轉型，基層醫療典範

漢東醫院院長　張漢東

蕭中正醫師處世待人熱心，做事認真負責，與我相知相惜、無話不談，是我半世紀的摯友。他剛進中興醫院時，我是醫院總住院醫師，所以我是他的前輩。我們共同在世界著名婦產科權威徐千田博士的指導下學習醫術。

蕭醫師童年歷經日治時代、二次世界大戰及蔣介石總統三個時代，當時台灣生活非常困苦，刻苦耐勞富有創業精神的父母影響了他一生。七歲時就販賣小零食幫忙家用；初中時就會演小博士戲，樣樣精明，遠遠超過同期學生，老師就預言他將來會是社會領導的佼佼者。

蕭醫師果然考上醫學院。畢業後，在中興醫院受世界著名婦產科權威徐千田博士指導，他是一位仁者，醫術世界之冠，所有學生及患者均將他視為「神醫」。全台灣癌症病人及重症病患全集中到中興醫院，所以醫院病人長年爆滿，醫師常常連續數日、日夜連續值班非常勞累。中興醫院當時僅有七位醫師有薪水，約二十位醫師全部沒有半毛錢的薪水，生活非常困難，醫師只好找機會靠代診勉強維持三餐。雖然如此，醫師們全部都無怨無悔，刻苦耐勞，為美麗的將來，努力學習奮鬥。

蕭總裁對體育方面奉獻良多。四十多年來一直出錢出力捐助柔術總會、克拉術協會（我是這兩個協會的創會理事長），積極推動全民健康運動，使台灣打入國際體育組織，功不可沒，可敬可佩。

蕭中正醫師開業後一帆風順，從婦產科診所一路發展成為著名區域醫院，蕭中正醫療團隊名聞遐邇，為台灣人民健康兢兢業業奉獻，如今已邁入耄耋之年，還繼續奮鬥。長子留美取得博士回國接棒，開始轉往呼吸治療、洗腎、復健等慢性醫療方向發展，多元跨業經營很成功，視病患猶親貼心服務。蕭家的轉型故事，可為基層醫療院所開業們的借鏡和楷模。蕭總裁夙夜匪懈，對朋友有情有義又有美滿的家庭，後繼有人。蕭醫師是我們醫界奇葩中的奇葩，令大家羨慕讚美，做為摯友的我也感到很光榮。

張漢東

醫者仁心

醫師公會全聯會理事長暨立法委員　邱泰源

身為一個醫師，知道醫師責任非常繁重，舉凡人的生老病死都和醫師有關。此書可以視為蕭中正醫師的自傳，在書中，把他從小的求學過程，如何立志當醫師、如何成家立業，如何把視病猶親當作其行醫的理念與核心價值，做一詳實的紀錄。蕭醫師的行醫生涯中，只要碰到經濟能力不佳、付不出錢的病人上門求診，總是先行醫再說，這是醫者仁心的最佳寫照。像蕭中正醫師這樣醫者的精神，應該要永遠流傳下去，讓年輕的一代能理解前人的努力、奮發、濟世的理念及理想。

中正醫路

華夏題

壹 童年時期

我出生在戰爭時代，我的童年，
簡單一句話，就是「吃不飽，但是很快樂」。

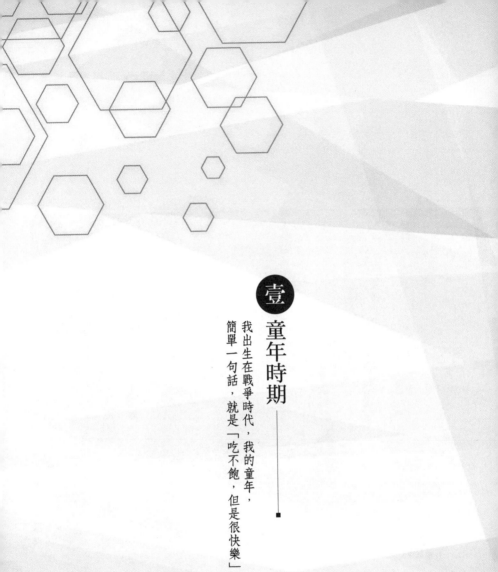

蕭中正父親蕭耀卿，平時不苟言笑，是個有威嚴的父親，但他穿搭有型時尚，被媳婦藍英美笑稱「又帥又潮的公公」。

我的父親母親

我的父母生在民國初年，那時台灣是日據時代，他們是澎湖人。爸爸十六歲時，當時住在屏東潮州的大伯，叫爸爸坐船來台灣，跟著他一起做生意。那時候大伯在米店工作，還要負責算帳。

也許有人不知道，台灣「經營之神」王永慶人生第一桶金，是他十六歲時在嘉義開米行賺到的；而我爸爸的第一份工作，跟王永慶一樣，也是當米伕。

日據時代，家家戶戶的米都放在米缸裡，要是誰家沒米了，只要跟米店講一聲，店家就吩咐米伕去送貨。

我爸告訴我，以前他動不動就要扛五斤、十斤重的米袋往客人家裡跑，一天下來，常常來來回回要跑好幾趟，有的客人住很遠，來回一趟可能要好幾個小時，米伕這工作很適合年輕力壯的小伙子。

幾年後，爸爸到了該成家立業的年紀，需要一筆本金，當年民間籌錢，不會去找銀行、信合社或地下錢莊，而是利用民間互助會，也就是大家熟知的標會，於是大伯當爸爸的擔保人，起了個會，標會得到的錢給爸爸當創業金。

在那個「工業日本、農業台灣」的日本殖民統治時期，在總督府強力主導下，引進日本財團的資本和現代化製糖技術，一九〇〇年，台灣首座新式糖廠在高雄橋頭成立，日本資本家逐步全面控制台灣蔗糖業，高聳巨大的煙囪象徵著台灣蔗糖業發展鼎盛，蔗糖產量更是屢創新高。

到了一九三九年（民國廿八年），我剛滿一歲，台灣蔗糖產量達到最高峰一四二萬公噸，糖廠數量高達四十二座，其中有兩座位於屏東平原。製糖，需要運送又黑又長的甘蔗，帶動了鐵路發展，現在的屏東市、潮州鎮，想當年可都是台灣的重鎮，人口、經濟發展都不錯。

既然位居糖廠重鎮，自己要創業，爸爸決定弄個跟「糖」有關的小攤，賣枝仔冰、芋仔冰等，媽媽一邊做生意一邊顧小孩，非常忙碌。

我是家裡的老三，跟姐姐是雙胞胎，媽媽常笑說：「當年你們兩個是在店裡的桌子上養大的」，一邊收錢一邊顧小孩，家裏做生意的好像都這樣。

聽媽媽這樣說，我不太有印象，想想那時候我還在流口水、牙牙學語。

我比較有記憶的是，到我五、六歲的時候，家裡生意已經變成糕餅店了，賣羊羹、銅鑼燒、夾心餅乾等日式口味的甜點，在當年可以說是比較高級的日式和菓子店，客人以日本人居多。

記得那時候，爸爸有個頭銜，性質有點類似現在糖業公會的會長，也許是因為當會長的關係，爸爸很在意形象，平時總是穿得西裝筆挺，還會搭配及膝的長筒靴，偶爾還會騎白馬上大街，說有多氣派就有多氣派。

一九四五年（民國卅四年）八月十五日，日本在第二次世界大戰中戰敗，宣告無條件投降，同年十月二十五日，台灣和澎湖群島交還給中華民國國民政府，台灣結束長達五十年的日本統治，正式進入戰後時期。

大戰結束，全台數十多萬日本人準備要撤退，我記得那一陣子，潮州車站人聲鼎沸，絡繹不絕，包括日本軍人、糖廠員工以及他們的眷屬，日以繼夜湧入，把小小的火車站擠得水泄不通，他們大排長龍，就為了買到一張「回家」的車票，每個人提著大包小包行李，滿臉倦容，苦苦等待，歸心似箭。

當時我大概才七歲，看到川流不息、熙來攘往的人潮，直覺「有買氣」，我單槍匹馬背起一袋袋餅乾糖果，在火車站沿途叫賣，也許因為搶到時機財，也許因為我個兒小，惹人憐愛，我帶出去的糖果餅乾，不一會兒全部賣光，回家後，爸媽大大誇獎了我一番。

當我再長大一些，家裡的生意又換了。

光復初期，日本人走了，台灣人連米都不夠吃，更別說像日本人一樣，有飯後甜點的習慣，就算想吃也不一定買得起，眼看著糕餅店生意愈來愈慘淡，媽媽覺得這樣下去不是辦法，只好忍痛把她的嫁妝變賣掉，改行經營布店。

我的媽媽，一雙巧手真不是蓋的，她不但會裁布、做衣服、改尺寸，還自學做手工傘，看她拿一段一段的金屬，綁成傘骨，然後把傘布縫上去，完成一支支漂亮雨傘，好像變魔術一樣，非常厲害。

台灣在一九七〇、一九八〇年代（民國六〇、七〇年代）曾經有「雨傘王國」的美譽，說起來我媽可是創作手工傘的翹楚。

爸爸也沒閒著，爸爸開始做起米跟糖的契作生意，就是在稻子、甘蔗收成前，先跟農人講好價錢，用比較便宜的價格訂好農作物，然後等到收成後，再把農作物轉賣，賺價差。

記得有一次，爸爸帶我去收農家的訂單，沒想到撲了個空，大白天中午看不到半個人影，我覺得這一趟白跑了，爸爸卻告訴我：「務農的人中午不在家是好事，這說明了他勤勉、老實，因為他中午太陽正熱時還在田裡工作，跟這樣的人交易最安心。」

爸爸說的話，我似懂非懂地記下來，儘管長大後我沒有從商，但父親平日教導我關於人事物的觀察力，倒是對我獨立思考和決定人生方向目標，打下基礎。

如今我回憶起爸媽的往事，從米、糖業到紡織布業，感覺好像閱讀了一本日據時代到光復後的台灣經濟發展史。

我的父親母親是非常刻苦耐勞的人，他們的務實、一步一腳印的性格，深深影響了我，我要對天上的他們說：「謝謝你們生下了我。」除了感恩還是感恩。

蕭中正眼中的母親蕭涂寶貝，刻苦耐勞，擁有一雙巧手，民國 78 年 10 月 8 日，是她的 77 歲大壽，全家齊聚一堂為她賀壽。

我的童年

我出生在戰爭時代，我的童年，簡單一句話，就是「吃不飽，但是很快樂」。怎麼說呢？一九三七年盧溝橋的隆隆砲聲，拉開中日戰爭的序幕，隔年，一九三八年（民國廿七年），我出生在屏東潮州，一九四一年日本偷襲美國珍珠港，美國加入盟軍對日本宣戰，太平洋戰爭正式爆發，那時我才三歲。

沒有人知道這場戰爭要打多久，身為日本殖民地的台灣，不可避免地被捲入其中，大人們怎樣受戰爭影響，我不知道，小小年紀的我，最明顯感受到戰爭氣氛的，就是「躲空襲」。

因為台灣是日本殖民地，也是日本很重要的一個戰備後勤基地，為了牽制日本，一九四三年起到一九四五年八月太平洋戰爭結束為止，盟軍在台灣展開密集空襲，尤其是新竹、高雄等機場、港口軍事重地，美國飛機空襲最多也最猛烈，雖然我的家鄉屏東潮州，不算盟軍首要重點襲擊對象，但屏東是日據時代主要糖廠所在地，當然也躲不過無情砲彈攻擊。

躲空襲，是我們這些經歷過太平洋戰爭的二、三年級生共同的記憶。不過，比起空襲帶來的緊張害怕，我的童年最最忘不了的，還是「吃不飽」這件事。

我家在屏東縣潮州鎮的三角公園旁邊，位置很靠近小鎮的中心，火車站就在附近，我爸爸在車站附近開糕餅店，養活我們一家。

早期我父母那個年代，因為沒有節育觀念或避孕措施，家家戶戶都生得很多，光是我們家就有八個小孩，為了養活一大家子，爸媽忙著做生意養家，根本沒空管我們，從小，我們就得學會自己照顧自己。

那時候上學，哥哥妹妹手牽手，自己走路去。放學了，跟同學、鄰居孩童，整個鎮上到處跑到處玩，一到夕陽西下快要吃晚飯時間，三步併兩步急忙跑回家，為什麼？因為慢了，就要餓肚子了。

當年那個時代，日本當局對米、糖、油、魚、肉、青菜等，實施配給，物資缺乏，加上我們家八個小孩八張口，飯一拿出來，一下就吃光光，所有菜都是用搶的，誰要是動作慢、挑食就沒得吃了。

因為吃的不多，我還記得，那時候我最愛吃的是豬油拌飯，很簡單，就是白飯加上豬油、醬油，攪拌均勻後吃起來，簡直是人間美味。

因為大人很忙，什麼事情都要靠自己，我在家裡排行老三，必須照顧弟弟妹妹，所以，我小學四年級就會自己煮飯，還得幫忙做家事。

說到家事，我從小就很愛乾淨。

我還記得，當時廚房大多是用大灶燒柴那種，柴在灶裡面燒就會有灰慢慢掉下來，有點風就會吹的到處都是，加上當時地板也沒有鋪瓷磚，都是硬泥土地，地板本身也會有一點沙土，廚房老是看起來很髒，我通常就會自動去掃乾淨，掃完亮亮的，我就很有成就感。

回想起來，戰後台灣光復初期，大家日子都過得很苦、很艱難。

因為才剛打完戰爭，物資很缺乏，很多人家裡沒錢買不起米，有些同學帶來學校的便當，就混很多蕃薯籤，整個便當黃色比白色還要多。

一般家庭過年才有新衣服、新鞋子穿，有些人家境不好沒那麼多錢買衣服，小孩子又長得快，乾脆把美軍美援送來的麵粉袋、肥料袋，當衣服穿。

當時因為窮，我都打赤腳，很少穿鞋，乾淨白布鞋走在泥土路上，一下子就髒掉，所以我好珍惜，帶去學校頂多穿一下，主要是給老師檢查用的，平常根本捨不得穿，小心翼翼收著，就怕弄髒穿壞。

戰後吃的穿的用的都這麼少了，玩的東西更別想，附近有什麼就玩什麼，手邊沒有就自己動手做，在我們那個艱辛年代，根本沒有「買玩具」這件事。

我讀潮州國小，學校附近有大水溝，當年是為了農業灌溉用的，現代人印象可能覺得那個水不乾淨，但在當時，大水溝裡的水不但清澈見底，附近還有蟲鳴鳥叫，夏天時我們一群孩子都直接跳下去游泳戲水，玩得不亦樂乎。

單純游泳、打水仗不過癮，我們就拿畚箕在河裡面抓魚，常常小魚兒滑溜溜，閃得比我們的手還要快，不過，有時候我們游夠快，還真的抓得到。

不只如此，我們會去水邊釣青蛙。用竹片、魚線動手做釣竿，然後抓蚯蚓來當餌，光準備這些有的沒的，真的很花時間卻非常好玩，天天玩也不嫌膩。

當時沒有污染，自然環境、生態都很好，我們這群小蘿蔔頭，每天都能玩到現代孩童所不能體驗到的東西。除了一切靠自己動手之外，就連學騎腳踏車這件事，我們這群三、四年級生也很懂窮則變、變則通。

早年，一般家庭都只有大人騎乘的自行車，根本沒有專為孩子量身訂做的兒童腳踏車，因此，每個孩子都學會「小孩騎大車」。

由於大人腳踏車比較高，小孩個子小，無法坐在大人腳踏車座墊上踩踏板，只好把右腳從腳踏車橫槓下方穿過，左手握住龍頭車把，右臂腋窩夾住坐墊，手掌順勢握住橫槓，身體呈半懸空狀態駕馭車體，等找到平衡點之後，就用這種像「耍特技」又有點滑稽的側身姿勢，蹬著單車，搖搖擺擺往前行。

看過日本動畫大師宮崎駿知名動畫電影《龍貓》的人，可能都有印象，影片中，村童側跨穿過車架前三角，蹬著單車搖擺前行，急著幫女主角小月協尋她失蹤的妹妹小梅。

那個經典畫面，活生生把我們這票小孩騎大人自行車的模樣給畫了出來。我們這群孩子，當年這樣側身歪著蹬單車，厲害的是，我們的速度還不會慢吞吞，爸媽後來還讓我騎車，挨家挨戶去幫忙收會錢。

當年那些大人們一看到我和老鐵馬出現了，二話不說，馬上交會錢，還不斷誇獎我好乖、叮嚀我把錢收好。

對我來說，那時候因為身懷重金，必須小心謹慎、妥善保管，但我最享受的，還是小孩騎大車、御風而行的無比快感。

現在回想，我的童年真的是一段很愉快、沒有壓力、充滿歡笑的快樂時光。奇妙的是，在那樣不受限制的環境裡，我反而發展出自律、獨立、負責任的性格，這點大概連我爸媽也沒有想到吧！

我與死神擦身而過

「門不要關，我還在裡面啊⋯⋯」

差一點點，我就小命不保，無法來到這個花花世界。

台諺有一句話說：「生贏雞酒香，生輸四塊板」，意思是說，孕婦如果順產，可以吃麻油酒雞，若是難產，則可能要躺進棺材裡了，這也就是表示助產士有多重要。

台灣的孕婦，在早年根本沒有產前檢查的觀念，懷孕時也都是以傳統觀念來安胎，一直到分娩時，才會請「先生媽」（接生婆）到家裡來接生，這些民間的接生婆全憑個人經驗，尤其是鄉下地方，都是靠這些助產士來負責接生。

戰時民生凋敝，醫療不發達，媽媽當年懷孕，根本不知道自己懷的是雙胞胎，後來我聽媽媽轉述，才知道一九三八年（民國廿七年）她生我時，情況十萬火急，幸好助產士經驗豐富，救了我一命。

當時，助產士順利把姊姊接生出來後，覺得怪怪的，怎麼媽媽的肚子還是鼓鼓的，憑著多年經驗，助產士發現可能還有一個嬰兒還沒出來，但，最糟糕的是，我偏偏是「胎兒臀位」，簡單說就是胎位不正。

當胎兒為臀位時，分娩時胎兒先出來的是臀部或是腿，然後是身體，最後才是頭部。臀位是胎位不正最常見的一種，通常，雙胞胎發生胎位不正的機率在百分之五十以上。

現代醫學處理胎兒臀位並不難，剖腹產一刀解決即可，但我媽媽懷孕的那個年代，社會環境差、醫療不發達，可沒剖腹產這種新玩意，說起來真的要感謝當年那位經驗豐富、技術好的助產士，否則要是我卡在媽媽身體裡面窒息，或是搞到媽媽難產，那就完了。

出生時胎位不正卻能順產活下來，對我來說是一個奇蹟，我幼年嚴重燙傷死裡逃生，又是一個上天的恩典。

一九四五年八月六日與八月九日，美軍分別在日本廣島和長崎各投下一顆原子彈。隔沒幾天，八月十五日，日本昭和天皇裕仁宣讀退位詔書，日本無條件投降，二戰宣告結束。

日本對台灣長達五十一年的統治畫下句點。這年是民國卅四年，我七歲，而戰後的日子好不容易平靜下來。

少了轟隆隆呼嘯的飛機聲，日子看似平靜了，但老百姓的生活仍然很艱苦，戰後經濟蕭條，民生凋敝，因為爸爸做生意，我們家還算有飯吃的，但其他營養不良的小孩，很容易生一場病就走了。

記得我大概五、六歲的時候，遭遇一場非常嚴重的燙傷，差點去掉半條命。當年，洗澡煮飯，都要用柴火燒熱水，我記得那時有人要洗澡，所以燒了一整鍋熱水，蓋子沒有蓋，我在一旁跑來跑去玩的時候，一個沒注意到，摔倒打翻熱水，燙到整隻腳，從大腿以下全無倖免，照顧我的阿姨嚇一大跳，她一緊張，想也不想急急忙忙把我的褲子扒下來，這一來反而讓我腿上被燙傷的皮，黏著褲子一起被摘下來，造成二度傷害，那種錐心刺骨、痛徹心扉的痛，無法形容，我只記得大哭大叫。

就現代醫學眼光來看，當年我的這場意外，可能至少有二級燙傷，嚴重燙傷以後我發高燒，當時全靠媽媽悉心照顧，每天幫我擦消炎藥，好不容易受傷的皮才慢慢長回來，數十多年過去了，至今我小腿肚上仍殘留一大片淡淡的疤。

逃過幾次鬼門關，我太太藍英美笑我有大難不死的體質。

我本來沒有特別意識到，但是回首往事，用現代的眼光來看，好像真的有那種感覺。

躲空襲、差點難產瀕死、燙傷等一樁樁事件，現在回想起來，每一件都好危險，在那個時空背景之下，真的發生太多跟死亡擦肩而過的事，光是我自己就經歷過戰爭時局動蕩、醫療條件不足這些種種，我們這些生於戰爭年代的人，光是要活下來，本身就非常不容易。

我們這代，能夠熬過去的人都經歷了很多，生死攸關的事情都能面對了，連帶生活的苦也都能吞下去，或許正因為有大難不死的體質和磨練，對生命有不一樣的體悟，而我對於未來人生更艱鉅的挑戰，更能堅強面對。

矮小博士

「醫生，請你救救我，救救我！」

不知不覺，我的思緒飄回六十七年前，潮州國中大禮堂，彷彿還聽得到「他」痛苦哀戚、慘絕人寰的哀叫聲……

有人說，每個人將來會怎麼樣，冥冥之中自有定數。

小時候，我並不是很相信命運，反正該做事就做事，該努力就努力，當時爸媽開餅乾店忙得要命，我們家每個小孩子都得自己照顧自己，連吃飽喝足這點人的最基本需求，都很不容易，其他根本不會想這麼多。

直到我念初中時有一場表演，才讓我感覺這種說起來很玄的事情，好像冥冥中有它的道理。

還記得我初二那年，學校規定學生上台表演話劇，不是在自己班上隨便演演那種，而是要站在開朝會時的大禮堂，演給全校上百名師生看，當時我們那個年代，不流行什麼舉手自願上台之類的，一切都是由老師指定。

為了應付學校的演出，也為了吸引全校的眼光，我們班導師劉志江親自操刀，寫了一齣名叫《矮小博士》的劇本，內容主要是講醫生怎樣幫患者看病、治療，中間鬧出一堆笑話，很輕鬆的歡樂喜劇。

我不太記得劉志江老師那時為何用醫師看病當劇本素材，我猜可能是日據時代受日本人影響，社會上普遍很崇拜醫生，有很多醫生都是去日本受高等教育回來的，可能因為這樣，這齣劇才叫《矮小博士》吧。

重點來了，到底誰來當主角呢？我從來沒想過，自己會有上台表演的一天，劉老師偏偏就是點中我。

劉老師指定要我演那個矮小的醫生，另一位同學蔡本源演護士，至於演病患的同學，名叫王明興，由我們三人代表我們班擔綱演出。

我到現在都還是很納悶，劉老師為何指定我當男主角，難道是我個兒小都坐第一排，符合劇情形象？還是因為我乖巧聽話，老師交辦的事情都會認真完成？難道老師覺得我有表演天份？應該不是老師胡亂點的吧？

我暗自琢磨過各種原因。

猜來想去，我覺得最有可能的原因，可能是老師對我印象不錯，滿喜歡我的，所以覺得我很適合演主角吧。

像我這種乖巧聽話、不怕吃苦、又願意幫大人做事的孩子，在劉老師眼中，應該也算是好幫手吧？

我還記得，小時候我的字寫得工整又漂亮，老師常常叫我幫忙寫壁報，交辦的事情我也都會圓滿達成任務，說起來，我還挺有「大人緣」的，不管是在家幫忙打掃，或是媽媽請我一大清早去買豆渣餵豬吃，不然就是出門幫忙收會錢，就連在學校，老師也很願意交辦任務給我。

老實說，被選中當主角，說不高興是騙人的，我還記得自己飛也似地奔回家，當著全家人的面，大聲宣布「我要演主角」，那種喜不自勝、欣喜若狂的悸動，迄今仍歷歷在目。

想想，要在全校師生面前上台表演，這可是一等一的大事啊！

當時我們三個很認真排練，平常下課時間留下來練習是常態，那個時代沒有週休二日，禮拜六得上課，於是我們三個早上上完課，下午就留在學校繼續演練，背台詞、對戲、設計對白、做表情等，這樣連續努力了好幾個月。

這是一齣喜劇，我們希望好看不冷場，最重要的是，得有「笑果」，所以，老師帶著我們幾個拿掃具、壁報紙之類的東西，做了一些無敵誇張的道具，比如跟手臂一樣長的巨無霸針筒之類的，聽老師說這樣才符合舞台效果。

我還記得，出場前我緊張到心臟蹦蹦跳，腦中空白一片，那天到底是怎麼撐完全場，不太有印象，只記得台下時不時爆出哄堂大笑，每個人笑得東倒西歪，反應熱烈，我們演出非常成功，贏得滿堂彩，那段時光，可說是在我熬夜苦讀、人生黑白的初中三年，留下一頁彩色回憶。

演完《矮小博士》後，我對自己愈來愈有自信，原本我在班上只是個乖乖牌，沒想到演完戲後，一炮而紅，全校師生都認得我，連同學也常東一句「博士」西一句「博士」這樣叫我，受到注目的感覺，讓我多多少少有點飄飄然。

演完了「假」博士（Doctor），背了一大堆醫學名詞，把病人從死神手上救回來，那種成就、滿足的愉悅感，無法形容，慢慢地，我對「真」醫師（Doctor）起了興趣，「當醫師」這個念頭，開始在我心中慢慢萌芽……

現在回想起來，也許這就是我立志當醫生最早、最初的啟蒙。

正所謂「無心插柳柳成蔭」，七十多年前，劉老師點了我主演《矮小博士》，可能連老師都不知道，他播出了一小顆種子，在我心中發芽長大，造就了我踏入杏林、濟世救人長達一甲子這條路。

不可思議的是，演《矮小博士》這齣戲，我們這三個大男孩還真的跟劇情一樣，走向各自的道路。

話說，演醫生的我，考上了中國醫藥學院醫學系，而且還是第一屆醫學系學生。演護士的蔡本源，品學兼優，不但高中第一名畢業，最後如願考上台大醫學院醫學系。至於演病患的王明興，英年早逝，當年一場大水災把他給沖走了，連初中畢業證書都沒領到……

《矮小博士》這齣戲，就像一場神秘隱晦的預言。

哥哥是我的偶像

台灣有句俗諺：「第一賣冰，第二做醫生。」意思是說，賣冰是最賺錢的工作，比當醫生還好賺。

賣冰最好賺，很容易理解，要不然也不會三步一家飲料店，走五步又一家。問題是，當醫生也好賺嗎？

明明要值班，又忙又累，又有醫療糾紛，動不動被病人告。

話說，民國八十四年以前，還沒有全民健保的時候，隨便一個小感冒，看個醫生都要兩、三百元，如果再嚴重一點，需要打點滴甚至要住院，那非得花個上千元不可。

民國七〇、八〇年代初期，菜市場滷肉飯一碗五元，不像現在，一碗滷肉飯沒有三十五到四十元吃不到，可見物價上漲之多。

在沒有全民健保的年代，當時一個地區不過幾家診所，整個城市頂多才兩、三家醫院，整體醫療市場粥多僧少，那時只要家族裡有一人當上醫生，全家雞犬升天，對整個家族來說經濟助益非常大。

話說回來，我想穿白袍，想當醫生，最初的起心動念，跟主演《矮小博士》很有關係。初中時期演完人生第一場舞台處女秀，從此愛上了救人一命、助人最樂的感覺，當醫生的念頭也在我心中悄悄萌芽。不過，我之所以立志從醫，主要也是想要滿足家人期望。像我這樣二、三年級世代的人，只要當上醫生，是一件祖上積德、無比榮耀的事情。

很多人問，為何很多父母都喜歡鼓勵兒女當醫生？

一來，日本據台時期，日本人不喜歡台灣人從政，禁止台灣人接觸政治，所以大多數台灣人立志從醫。

再者，當醫生行善救人，備受人們尊敬。想當年，要是誰家兒子女兒考上醫學院，整個村子裡的鞭炮聲，從村頭響到村尾，好像古代皇帝出巡一樣，有的父母可能開心到大宴賓客三天三夜。

因此，我們這一代的學生，念書都像拚命三郎一樣，第一志願都是當醫生。

近幾年，受到教改政策、少子化影響，台灣現在大學考試錄取率，愈來愈高，有一年竟然超過九六%，也就是說，現在學生「考不上比考上還難」。

這對我來說，簡直無法想像。

還記得國民政府遷台初期，大專由各校獨立招生，民國四十三年改採聯招，由台大、台灣省立師範學院（今台師大）、台灣省立農學院（中興大學）、台灣省立工學院（成大）這四所公立大學合組聯招會，大學及專科聯合招生分成甲（理工）、乙（文）、丙（醫）、丁（法商）四組，先填志願、後考試、再分發。

聯招初期，國內的大專很少，除了四所公立學校，私校只有中原、淡江、東吳、東海、高醫、中國醫藥學院等少數幾校，錄取率約兩成上下。十個人應考，只有二個人考得上大學，我們那個年代都是這樣硬碰硬，金榜題名可都是熬了數百個夜，犧牲睡眠換來的。

話說當年，我的大哥不分晝夜懸樑刺股，最後考上台大藥學系，僅僅只差五分就能上台大醫學系。大哥免不了有一點點扼腕，但如願考上台大，是一件很光榮的事，全家人高興得不得了，為大哥開心慶祝，恭喜他展開新一段旅程。

大哥北上念書之後，看到他的機會變少了。不過，他放假時偶爾會帶同學來家裡玩，大哥的同學念電機系、藥學系、醫學系的都有，他們天南地北聊學校的點點滴滴，比如說功課有多繁重、上課老師怎麼嚴格要求，還有講一些追女生、耍曖昧、談戀愛的事情。

我愈聽愈嚮往大學生活，好想親自到「最高學府」一探究竟。帶著這份嚮往，有一年寒暑假，我上台北去找大哥。

民國四十幾年的台大，光是校門內外就有如天壤之別，我還記得校外到處都是泥土路，旁邊還有水稻田；但一踏進校內整個感覺都不一樣，有高大寬闊的椰林大道，還有修剪整齊的草坪，羅馬文藝復興時期的特色建築矗立其中，氣勢非凡，立面山牆與拱形門窗在在呈現出古典之美，當下似乎能聞到一陣陣書香味。

最令我印象深刻的是，哥哥帶我去學生餐廳用餐，我看到每個人端著鐵盤，井然有序地排隊等著打菜，隔壁不同桌的台大學生邊吃邊討論病理，好像對醫學有用不完的熱情。

第一次逛台大，我深刻體驗到：「原來這就是菁英啊！」

回家之後，我比平常更加倍努力苦讀，最後不負眾望，考上第一屆中國醫藥學院醫學系。

我能夠順利考上醫學院，一部分是由於我的努力，另一部分也要感謝哥哥的分享，帶給我的刺激和啟發。

蕭中正大哥蕭振亞（圖左），是全家第一個考上台大的人，也是蕭中正崇拜的偶像。

中正醫路

華夏題

貳

求學時期

當年在學校接受的魔鬼訓練，培養出我精益求精的學習力，對我一生很受用。

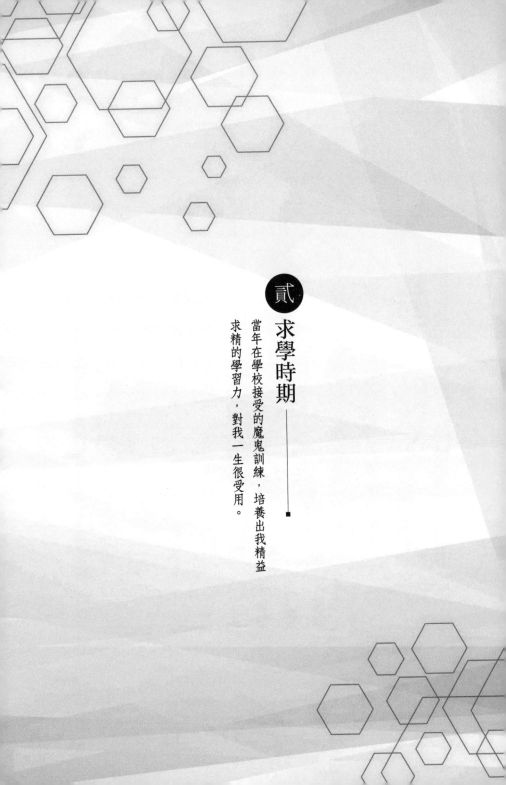

蕭中正與同學在母校中國醫藥學院前合影。

中國醫藥學院的第一屆醫科生

民國四十七年，我背起行囊，懷著忐忑不安的心負笈他鄉，來到陌生的台中，到中國醫藥學院報到。

我還記得，第一腳踏上台中的泥巴路，徐徐微風迎面襲來，陽光曬在身上，暖洋洋地，「跟我的故鄉潮州差不多嘛」，感覺很熟悉、很親切，這對我這個生平頭一遭出遠門的學子來說，彷彿一劑強心針。

那時候，學校對面就是現在台中中正公園那一塊，還是一大片荒涼草地，而我的學校剛剛落成，有些建築物例如國際會議中心所在地，當時不過才兩層樓高，不像現在已經是十六層高的現代大樓。

民國四十七年六月六日，經教育部核准成立，台灣第一所培育中醫的中國醫藥學院首度成立，覃勤是首任董事長兼院長。初期招考醫科新生兩班，藥學系新生一班。

當年，學校全名叫作中國醫藥學院，現在改稱中國醫藥大學，我念的科系是醫學系，當年叫做「醫科」。

我，是中國醫藥學院醫學系第一屆醫科生。

在我求學的那個年代，醫學院要求醫學系大一至大四生在校上課，大五、大六納入臨床實習課程，大七進醫院擔任實習醫學生，畢業後通過甄試、取得醫師資格，再接受選科系的住院醫師訓練，算起來，一位醫師養成恐怕要十年以上。

在醫學院這七年，我們學什麼？

大一大二前兩年，我們接受大學通識、博雅教育，感覺還算輕鬆，課業壓力不算重；但打從大三起，壓力就排山倒海來了，大三、大四這兩年，學的是生化、解剖、微生物免疫、生理、藥理以及病理等基礎醫學六大主科，最後三年則是臨床的見習、實習。

依據七年制的醫學系課程，大七是實習醫學生（internship），最後一年的重頭戲，學習到最多的實務經驗，以及被賦予最多的臨床責任。

但是，因為大七生（俗稱 intern）尚未畢業取得醫師證書及執業執照，這段期間 intern 施行醫療處置，其合法性存有爭議，部分病人也因為 intern 不具醫師身份，不願被照顧，intern 常覺得不受尊重。

此外，intern 在醫院裡實習，有時被視為學生，有時又被視為醫學院員工，角色定位不明，學習和工作時有牴觸。

國內不少的醫學教育專家開始鼓吹醫學院學制應該有所改革，實施超過一甲子的台灣七年制醫學系教育制度，終於在二〇一三年起，改為六年制醫學系制度，讓醫學生可以提早畢業參加國考，取得證書及執照。

目前國外的醫學系也多採畢業後實習，六年制的實施正好跟國際潮流接軌，同時，讓那些不打算往臨床發展的學生，不必再浪費一年參加醫院實習。

雖然現在醫學系改成六年新制，但其實「換湯不換藥」，台灣醫師的養成訓練時程並沒有縮短。

新制醫學系大六生畢業之後，需再進行為期兩年的ＰＧＹ（畢業後訓練），過往舊制的大七生畢業後則僅需經過一年的ＰＧＹ訓練，所以不論新制或舊制合計都需要八年時間。

在我那個時代，醫學院要念七年，我的大學生涯，依然圍繞著「讀書、讀書、讀書」，課業之重，比現在醫學院學生有過之而無不及。

當年求學時，我最喜歡的是解剖病理組織學，也就是醫學院學生三、四年級時必修、課業最繁重的基礎醫學。

簡單地說，「解剖學」介紹人體每塊肌肉、神經、血管的名字、功能，以及對身體部位的影響；「組織學」分析身體組織內的運作，例如透過腸胃道切片來認識腸胃道內不同細胞的功能和交互作用；至於「病理學」的學問就更大了，專門探討疾病在個體發生的起因、發展與變化，以及整個過程對患者產生的各種影響。其中，臨床病理學，就是病人到醫院檢查做切片，那個切片會放到顯微鏡下看，然後才可以斷定說這是發炎、癌症之類的，就是這方面的知識。

人體十分複雜，如果要從切片去推測病因，醫師可得知識充足，不但要能分辨得出身體每個器官正常或不正常的情況，還要知道在什麼情況下會交互影響，非常複雜，甚至有不少人專攻病理學研究，而這門學科也被稱為「醫生中的醫生」（Doctor's Doctor）。

解剖組織學也不容易，但這是判斷診療的基礎，想學醫，一定得學好這門課。說也奇怪，我一開始其實沒特別喜歡，可是解剖組織這科功課最重，課前課後都要讀很多書、準備很多資料，我也就愈念愈有興趣了。

我還記得，教授當年教這門課，上課方式很靈活，教授會先介紹一些案例的背景資料，包括案例的診斷、發病進程等，然後保留最後一部分的原因不講，留給學生討論。

比如說，教授問大家：「這個案例為什麼死掉？」這時候，台下我們這群學生，根據教授剛剛提供的資料、自己念書得到的知識，開始進行辯論，有的人回答發炎，有人說是併發症，不同人提出很多主張跟猜測，最後教授再公布解答。

當時課堂上的氣氛總是很熱烈，大家都很有自己的想法，因為已經四年級，學過不少理論，之後第五、第六年就要進醫院分科見習，接受專科醫師傳授教導每科不同的知識，因此，三、四年級可得紮紮實實打好基本功，否則很難應付臨床實習的挑戰。

現在回想起來，我很懷念當年跟同學在課堂上思考、激盪，提出不同觀點，討論分析案例，直到現在，我還是會常常出席不同主題的醫學研討會，聽一聽別人的觀點，吸收新的知識，當年在學校接受的魔鬼訓練，培養出我精益求精的學習力，對我一生很受用。

這幾年，我們這群老校友時不時揪團回母校，看看學弟妹，順便也為母校打氣加油。而我身為「班代」，只要有人發出召集令，責無旁貸，我一定到。

攤開我們第一屆畢業生名單，可說是臥虎藏龍，畢業後大家各奔前程，各自

蕭中正夫婦與幾位醫界夫妻檔一同組成了「醫望社」，大家經常聚會，聯絡感情。

民國 109 年 11 月 16 日中國醫藥學院醫學系同學會，在望月樓舉行。

擁有一片天，在全台灣甚至遠在美國，有些擔任衛生局處要職，或是醫院、診所負責人。

在台灣，包括簡聰堯醫師，他當過宜蘭縣、高雄縣衛生局局長、基隆省立醫院院長；還有許龍國醫師，他擔任過宜蘭縣衛生局局長、宜蘭省立醫院副院長；以及林耀東醫師曾任全國醫師公會理事長、彰化縣醫師公會會長，另外還有曾任彰化慈惠醫院院長的蔡伯宗醫師。

至於張峰鳴醫師，他的父親很有名，就是台灣多數家庭的必備腸胃藥「張國周強胃散」的創始人張國周，張峰鳴跟他爸爸一樣，也是留日醫學博士，曾任中國醫藥大學北港醫院分校院長。

在美國發展的同學也不少，其中，黃正雅醫師曾擔任美國紐約市衛生局長、莊明滄醫師在美擔任胸腔內科教授，陳寬正醫師則是美國外科學院及胸腔學院院士，同時也擔任過中國醫藥大學美國校友會會長。我們畢業五十周年的聚會和母校六十周年校慶，都有陳寬正的身影。

話說二〇一八年（民國一〇七年），母校歡慶一甲子生日，我帶著太太，參加第一屆畢業校友聚會，當天到場的同學有陳寬正會長、江瑞興院長夫婦、林景三醫師夫婦、李金源醫師夫婦、張富雄醫師、石朝東醫師、劉明俊醫師、林若松醫師等，這些都是當年一起跑台考試的老同窗。

我們這些人，為台灣人民健康，兢兢業業，奉獻畢生，如今我們個個鬢髮蒼蒼，邁入耄耋之年，但大家依然精神抖擻，昔日同窗相聚，敘舊話家常，回味大學時期的種種往事，其樂融融，身為老班代的我，真的很希望同學們能夠經常相聚，「每聚一次，就賺到一次」，大家都懷著感恩的心，感謝母校教授們春風化雨，衷心期盼中國醫藥大學邁向世界一流大學的願景，早日實現。

我決定當婦產科醫師

身為婦產科醫師，我忍不住想要回顧一下「台灣接生史」。從沒有執照全憑經驗的先生媽（接生婆）、日本政府培育出來的助產士，到國民政府播遷來台帶動西醫盛行，終致助產士沒落改由婦產科醫師引領風潮，這時代的演變，我有幸參與其中。

「不要請醫生！不要請醫生！給男人看還不如死了好得多！」阿新嫂痛苦喘息地嚷道。

這是台灣客家文學知名作家吳濁流，在他的小說《亞細亞的孤兒》中，寫實描述日據時代，台灣婦女瀕臨難產時的一段場景。

這書中寫到，即將臨盆的阿新嫂，因為難產，生命危在旦夕，但是阿新嫂寧願死，也不願給男醫師處理急症，最後，阿新嫂一命嗚呼，連肚裡的嬰兒也沒保住，原本一張喜氣洋洋的產床，轉瞬間變成屍榻。

以我們現代人的眼光來看，阿新嫂的故事看起來很匪夷所思，但從日據時代到民國初期，台灣產婦羞赧拒見男醫師，是很普遍的社會現象。甚至，當時如果產婦給男醫師看病，左右鄰居還會傳出「自己男人看不夠，還要給別的男人看」這類的閒言閒語。

在那個年代，婦女生產，都是請「先生媽」（接生婆）來家裡接生，這些民間接生婆全憑經驗，如果順產就罷了，如果遇到難產，幸運的話可能救下一命，不幸的話就母子皆歿，早期台灣俗諺：「拚得過雞酒香，拚不過四塊板」，鮮明刻劃出台灣早期婦女懷孕生子的高風險。

一九〇七年，時值清光緒三十三年，日本政府在台灣培育第一批新式產婆，被稱呼為「助產士」，她們上山下海，看盡傳統重男輕女、生死兩相隔等人間冷暖，從日治時期到一九七〇年，助產士是台灣當時最主要的接生者。

不過，就像助產士取代傳統產婆，助產士的接生地位最後也被婦產科醫師取代，說起來，助產士這一行之所以由盛轉衰，主要是拜大時代變遷所致。

一九四九年（民國卅八年），國民政府播遷來台，國防醫學院大批軍醫，隨軍隊抵台，大幅增加台灣醫師的數量。

四〇到六〇年代初期新設的三所醫學院，分別是一九五四年開設的高雄醫學院，這是台灣第一所私立醫學院，一九五八年成立台灣第一所培育中國醫藥學院，以及一九六〇年台北醫學院核准成立，首任院長是婦產科名醫徐千田。

那個時期，國民政府對醫師證照發放制度，較日治時期寬鬆許多，軍醫加上醫學院畢業生，一下子就多了上千名合格醫師。

由於醫師數量激增，婦產科醫師接生率也逐年提高，從一九五一年三%，一九五七年的八%，到一九六二年達到一四%，到了一九七〇年，醫師與助產士接生率一樣，之後助產士慢慢退場，醫師接生率扶搖直上，終成主流。於是在台灣西醫有所謂的「內、外、婦、兒」四大科。

早年，醫學院學生中的佼佼者，多在師長鼓勵下，選擇挑戰大、難度高的急重症專科，內外婦兒這四大科，班上誰的成績最好，誰先選科，同學們也都以這四大科為首選目標，身披四大科專科醫師白袍，代表一種榮譽，更是自信的驕傲。

當年，要進婦產科真的很難，因為成績數一數二的學生，都喜歡選婦產科，向來喜歡挑戰的我，當然也不例外。雖然婦產科醫師要肩負母親與孩子的生命跟健康，責任非常重大，但是，當新生命呱呱落地的那一刻，同時幫助兩條生命，創造幸福喜悅，這種滿足和快樂，實在無法用言語形容。

除了難以言喻的成就感深深吸引我之外，另一個很重要的原因促使我立志當婦產科醫師，就是拜師在徐千田大將的門下。

還記得我當實習醫師的那年，很幸運跟到徐千田醫師，那時候，送到徐千田醫師這裡來的患者，疑難雜症多，狀況又很危急，幾乎是快要被死神接走、處於彌留狀態的瀕死產婦。

徐千田醫師之所以被譽為「大將神醫」，不是喊假的，徐千田大將總能妙手回春，我那時只是一個菜鳥學生，重症病患一送進來，我幫不了什麼大忙，但是能夠跟著徐千田醫療團隊，一起把人搶救回來，好有成就感！

一心一意想要拜在中興醫院婦產科名醫徐千田門下的我，知道醫院正式編制名額有限，我不可能在編制內，這意謂著沒有薪水。想想，爸媽供我念了七年醫學院，好不容易畢業卻沒薪水領，似乎對家裡說不太過去……

我猶豫了一陣子，硬著頭皮打電話回家問爸媽意見。我還記得，當時爸爸跟我說：「你好好跟教授學，環境好卡要緊，不用有後顧之憂。」

我聽了真的很感動，他沒急著要我拿錢回家，別人十五、六歲就在操持家計，醫生三十歲才可能開始工作賺錢，但我要跟名師學醫術，這下又是三、五年沒薪水了，爸爸這樣支持我，是我能在這條路走下去的堅強後盾。

我的恩師徐千田大將

我的恩師徐千田教授，是享譽國際的婦產科名醫，被稱為「世界五大子宮頸癌手術專家」，一九六九年，他應世界外科學院之邀，到美國芝加哥大學醫學院做專題演講並示範手術；一九七四年，他獲頒美國婦產科學院榮譽院士，是全球獲此殊榮的第三人。

徐千田也曾是蔣夫人宋美齡女士的御醫，在東南亞各地許多重要官員夫人也都是他的病人。

一九七〇年代，正值婦產科鼎盛時期，婦科疾病治療蓬勃發展，產科則是正逢每年出生超過四十萬的嬰兒潮，當時在台北醫學院（現改制為台北醫學大學）院長徐千田領導下的市立中興醫院（現為台北市立聯合醫院中興院區）婦產科，醫術與台大醫院婦產科齊名，醫學會上發表的論文篇數與品質，更是不遑多讓。

當時，全國有心想當婦產科醫師的學生，無不擠破頭拜師求藝，連台大醫學院學生也來拜大將收入門下。

網路上流傳一首佚名打油詩，短短兩百四十個字，可說是省立台北醫院婦產科醫局（現為台北市立聯合醫院中興院區）一九五七年代的縮影，把徐千田在婦產科醫界、學生心目中的地位，形容得唯妙唯肖，字字珠璣，令人莞爾。

省北婦產科　享譽醫學界
主任徐千田　教授博士銜
子宮癌開刀　技術響國際
台大畢業生　爭拜為恩師
入局需過關　名額雖有限
介紹若得宜　院聘額不限
薄薪做苦工　雖苦無人怨
一日有薪職　名利量無限
缺額同仁爭　競爭雖熾烈
大將若關愛　聘書自然到
一年專接生　難產推上司
二年可執刀　師父親手教
三年學大刀　一面可獨擋
四年學不孕　如虎添上翼

五年開膣式 婦科全修到
開業或續留 選擇可自定
癌刀師專利 其餘不設限
開癌莫期待 師父不輕放
君欲博士銜 留名學術園
拜望老師顏 日夜捧師臉
賞賜研究題 埋頭實驗裡
論文認真寫 苦盡樂就到
開業速成營 博士量販店
評價雖各異 論定隨君辯

我在醫學院最後一年，分配到市立中興醫院（現為台北市立聯合醫院中興院區）實習，一畢業，接著進入中興醫院當住院醫師。

當時學生們都習慣用日文稱徐千田教授「大將（Taisho）」，大將不只是臨床名醫，對學生的要求更是出了名的嚴格。

遇到患者手術，大將敢放手讓學生上場操刀，自己在一旁指導，學生做得好，他會稱讚，但犯錯做不好，他也會毫不客氣破口開罵。

徐千田大將指導開刀，常常有二、三十個住院醫師圍在旁邊看，學生哪怕是被稱讚個一句，光榮得不得了，開心得有如飛上天；但要是犯錯挨罵，則羞愧不已，只想找地洞鑽進去。

手術時，若沒照規定的方式操作，大將手邊有什麼器械，馬上往學生手背上敲下去；如果開刀動作慢吞吞，患者血流如注，在身體裡積成一灘，大將會冷冷地揶揄說：「你是要開到變成台灣海峽嗎？」聽了不知道該笑還是不該笑。

有一次，一位女住院醫師上場操刀，這名女醫師開刀動作慢，大將面無表情，死盯著她，愈看臉愈臭，女醫師緊張到雙手一直抖個不停，手不穩，用持針器縫線，表現不佳，大將很不客氣地說：「妳乾脆回家彈鋼琴、煮飯算了！」批評毫不留情。

大將治學嚴謹、要求嚴苛，是有原因的，他認為這是關乎患者生命的事情，對就對、不對就不對，誰犯錯都沒有優待，就算是朋友的兒子、女兒給他教，他也一視同仁，不會因為這名學生關係特殊，就享有差別待遇。

所謂「嚴師出高徒」，大將這麼嚴格，手術都是一步一步仔細教，教出來的學生功底紮實，程度水準高，常常有其他醫院來聘他的門徒去代診，有的醫院甚至拜託大將推薦學生去當主任。

平常這些外院來的邀約，大將都交由總醫師指定，但有一回，大將竟然特別點名推薦我去中山醫學院當主任，這表示他非常肯定我的能力，當時我還真的有點受寵若驚。

這個天大的機會，我苦思考量了很久，但最後我還是決定留在台北，跟在大將身邊，繼續學習最新的醫術和醫學新知，我想，只要我有一技在身，命運之神一定會眷顧我的，就算錯過這次，不怕沒有下次。

大將作育英才無數，他嚴謹的訓練和俐落的刀法，影響了許多人，在他六十大壽那年，學生辦了一場盛大的「中興醫局同門會」，出席參加的醫師約有一百多位，等於當時全台有三分之一的婦產科醫師，都是從大將門下出來的。

徐千田大將在臨床技術、研究或教學各方面，是卓越超凡的一代名醫，真正的杏林之光，我一輩子仰之彌高、鑽之彌堅的偶像。

我在中興醫院當住院醫師的一千天

念完醫學院，從見習醫師（Clerk）、實習醫師（Intern），到住院醫師（Resident），差不多也二十八、二十九歲，現在公私立住院醫師，每個月約有五到六萬薪水，大家可能很難想像，在五、六十年前，我們那個年代的住院醫師，通常都沒有半毛薪水，為了過日子，要嘛靠家裡人接濟，不然就得瘋狂兼差。

民國五〇到六〇年代，婦產科是醫學院畢業生的首選，當時慕名徐千田大將，到省立台北醫院婦產科醫局（後改名市立中興醫院，現為台北市立聯合醫院中興院區）拜師學藝的人非常多，每期招收的住院醫師只有十幾二十位；但當時醫院正式編制內的婦產科人員，只有七人，所以除了主治醫師以外，住院醫師到總住院醫師這幾十個人，都是無薪酬的。

那時候沒有薪水，住院醫師只能領值班費一晚五十元，因為人多，一個月三十天不可能天天都是我值班，若能值到十五天，就算運氣很好了，但頂多也只能領個七百五十元。

七百五十元夠不夠用？當時外面一碗最簡單的切仔麵，也要十塊錢，值班如果不夠多，一天兩餐說不定還不夠！

為了省錢，我幾乎不到外面吃，都吃醫院的供餐，跟三等病房吃的一樣，一個月三百塊，常常吃的都是炸魚，沒什麼營養。

雖然只有微薄的值班費可以領，但那時沒有人敢喊一聲苦或累，反而打起十二萬分精神，用眼睛看、用耳朵聽，不管什麼都拚命學，我們奮鬥的目標只有一個：盡快學得一技之長，早日獨當一面。

我們當年有多拚命？是怎樣求知若渴？

要是聽到今天前輩或大將有手術，二、三十個人就跑過去圍著看，趕快把握機會學習這個狀況怎麼處理，不管有沒有值班都去看，沒人敢跑出去玩，所謂的「住院」醫師，就是二十四小時住在醫院裡，這句話一點都不假。

另外，大家最愛值班，因為值班的時候可以負責患者開刀，由於住院醫師還沒資格看門診，頂多幫病人打針、抽血，若要累積手術經驗，只能靠值班時那些主動送上門的病患了，多處理一次就多學一點，對我們來說，愈麻煩、愈複雜的案子，愈好。

哪有人希望病患愈嚴重愈好？

但那時大家為了搶機會學習，真的用盡心思。假設我今天跟別的醫師調班，調完之後他值班很忙的話，我就很傷心，會忍不住怨恨地想：「我為何要調這個班呢？」因為接下來患者的狀況都由這位醫師處理，我不可能去搶人家的案子。光調個班被搶走疑難雜症都恨成這樣了，自己值班時如果遇到「平安夜」的話，那更是不開心到了極點。

「平安夜」是指值班那天晚上，整夜都沒狀況，一切平安無事，沒有接生也沒開刀，大家平平安安，值班醫師可以一覺到天亮。

說我們痛恨平安夜，並非是說醫師很壞心，希望病人生病、出意外之類的，我的意思是說，既然我們都已經在當班了，與其發呆到天亮，還不如有事做、有學習機會，這是我們那個年代當夜班醫師們的真心話，至少我是這樣想的。

如果遇到過年這種大日子，需要值班，我們也是多少有點提不起勁，一來不能回家吃團圓飯，二來主要是大多數民眾忌諱大過年跑醫院，所以醫院通常冷冷清清，沒有什麼案子能處理。

說來說去，大家都這麼喜歡值班，怎麼還會有人要調班呢？住院醫師也是需要生活費養家活口，不得不花時間到處兼職。

有時候，我們會幫前輩代診，如果前輩要出國研習、交流，他的位置就會暫時空下來，這時總醫師就會指派住院醫師代診，這種機會當然是資深的先去，然後才輪到我們這些後生晚輩。

住院醫師就靠偶爾有前輩出國時去幫他們代診，領取那一、兩個月的代診薪水來度過一年，當時代診費相當高，一個月一萬元左右，以一般公務員每個月薪資七百到一千元的當時，正好還可以生活下去。

除了代診，另外還有一個管道，就是到外面診所兼職，我R三（住院醫師第三年）就是這樣過的，每週一、三晚上到三重健生婦產科醫院兼差，星期二、六晚上我就去士林同慶綜合醫院，都坐公車往返。

我都下班後去兼差，有一次上班太累，一上車搖著搖著就睡著，不小心睡過站，等我醒來再趕回兼差醫院時，已經超過二十分鐘，對方氣到狂罵：「你為什麼那麼慢呢？」當時我也只能鼻子摸摸趕忙道歉說對不起，下次就不敢這樣。

沒薪水的日子，只能想辦法多兼職賺錢，過程當然很苦很累，但為了學到一身好功夫，再怎麼樣我都咬緊牙關撐下去，回想起來，那時最操、最忙但學最多的一千個日子，為我打下未來五十年手到病除、救人濟世的基礎。

拒絕七兩金挖角

三百元或是兩萬的工作，你會選哪一種？

做一個月就可以賺到四年薪水的職位，有哪個傻瓜不接？

那個人就是我。

在我們那個沒有薪水可領，只能到處兼差看病的「兼職」年代，每位住院醫師都巴望著有天能被總醫師點名，指派去代診，雖然頂多只有一、兩個月時間，但代診一個月能賺到一萬元，對口袋空空的住院醫師來說，簡直是天大的恩惠。

不過，代診機會不多，再加上排在我前面資深的前輩，有好多人，跟我同期的住院醫師少說也有十幾個人，想要得到總醫師的青睞，真的很不容易。

我還記得，那時我才R二（住院醫師第二年），總醫師指派我到宜蘭醫院代診，聽到消息的那一瞬間，我感覺自己好像中了愛國獎券頭獎一樣，開心得要飛上天了。

在我們那個年代，頭獎二十萬可以買到台北市鬧區一棟透天厝，不難想見當時我有多激動、多雀躍了吧！

當時宜蘭新生綜合醫院的院長，是前衛生福利部部長邱文達的父親邱永聰先生，邱院長平時要顧整家醫院，又要準備參選議員，忙得分身乏術，所以請徐千田大將幫忙介紹好手，到宜蘭新生綜合醫院代診。

我一去才知道，這家醫院沒有主任、沒有其他醫師，不管大小病，全部由我判斷，簡單說，就是我得校長兼撞鐘，全包就對了。

天上掉下來這麼大的任務，第一個念頭：「哇，怎麼這麼突然！」

記得當年，一般獨立開業至少要到R四（住院醫師第四年）的水準才行，我那時才R二，雖然平常觀摩學習了不少手術、案例，但總覺得火候還不夠，偏偏病患就在眼前，我也沒前輩或同僚可以依靠，只能硬著頭皮上了。

原本R二還不能開剖腹產，頂多上課有學過，看過前輩開過刀而已，但實際在宜蘭新生綜合醫院代診，遇到剖腹產、難產這些嚴重案例，就算再不熟，也得動手，甚至有時候要動用機器把胎兒拉出來，第一次自己做的時候，渾身掩不住緊張、害怕，就怕搞砸。

我這個人開刀向來很仔細，資料、步驟一定事前準備齊全，即使如此，每次動刀，我還是很怕自己不小心把病患的輸尿管一起切掉，所以患者開完在等恢復的時候，我三更半夜都一直巡房，一個小時就跑去看一次，連他們小便解不出來我都很擔心。

很少有醫生像我這樣，巡房巡得這麼勤，患者感覺到我很關心他們，雖然只有短短兩個月，但那時醫病關係處得很好，常常有家屬拉著我一直道謝，都說我「揪甘心」。

在宜蘭新生綜合醫院代診短短兩、三個月，我回到中興醫院，那時感覺自己的醫術有爆發性成長，我對自己也愈來愈有信心。

沒多久，邱永聰院長如願當選宜蘭縣議會議長，他直接去找徐千田大將，拜託他放人，邱永聰議長表示他很愛才惜才，他想聘請我去宜蘭新生綜合醫院，擔任婦產科專科負責人。

邱永聰議長認為，我代診那段期間工作認真負責，醫病關係也經營很棒，他對我印象十分深刻，很滿意我的表現，還記得有一天他跟我說：「你這邊三、四百塊不要賺了，來賺我這裡，我用七兩黃金聘請你！」

七兩黃金有多大？民國五十幾年，一兩黃金大概三千元台幣，算一算七兩黃金差不多兩萬多元了耶！

想想我值班一晚才五十元，就算值班值到死，也不可能有這麼多，七兩黃金真是一筆天文數字。要去賺七兩黃金，還是繼續留在中興醫院修業？我左右為難，苦惱好久，最後決定聽聽家人的意見。

一聽到「每個月賺七兩黃金」這個數字，電話那頭的老爸非常高興，笑得好大聲，說我終於熬出頭了，連聲鼓勵我快點去上班。

我想不想賺錢？老實說，想啊！我當時到處兼職，一個月差不多賺一萬五，其中一萬元拿回家給爸爸，我也想有能力多拿一點錢回家，老爸培養兒子這麼久，除了很感謝他，也想讓他有面子。

但是回頭我又想，自己才學到R二，就這樣貿然出去獨當一面，R四該學的技術都沒學好，剖腹產不會，拿子宮也不會，如果我的實力還不夠水準，就直接拿槍上陣，對病患、對我都不是一件好事。

思前想後，我覺得自己還是應該再多蹲一陣子，把實力培養得更好再說，於是我毅然決然放棄挖角機會，謝絕邱永聰議長的好意。

被人賞識固然高興，但我還是決定摸著自己的良心，在「正確的選擇」跟「容易的選擇」兩者當中，選擇對自己最能交代的那一個。

那些徐千田大將教我的事

我懸壺濟世大半輩子，收過病患送來形形色色、五花八門的致謝感恩禮，早年病患很愛送醫師匾額，例如華佗再世、醫人醫國、妙手回春、仁心仁術等等，我都收過，只不過隨著醫院更新設備、改建，不得不束之高閣。

迄今，唯有一塊泛黃斑駁、難掩歲月痕跡、刻著「婦產科權威」五個大字的老匾額，高高掛在牆上，因為，這是徐千田教授在我四十三年前開業首日送我的賀禮。

「大將神醫」徐千田教了我很多，不僅在他的指導下奠定醫術，還在我開業時挺身而出，幫了我一個大忙，這段故事，要從我拒絕宜蘭新生綜合醫院高薪挖角後說起——

我R二那年婉謝邱永聰議長的好意之後，回到中興醫院繼續學習，過沒多久，我從住院醫師升成總醫師，最後晉升成為可以獨立看診坐鎮的主治醫師，總算「媳婦熬成婆」了。

那時大概民國五十九年左右，我的生活跟當菜鳥時不一樣，隨著技術愈臻成熟、看診經驗豐富，我從學習的角色變成指導的角色，當了主治醫師等於是可以獨立負責患者的所有診療，還要看實習醫師寫的病歷，確認無誤之後簽名審核。

變成負責指導人的主治醫師，成為醫院編制內的人員，我每個禮拜看診一到兩次，有固定薪水可領，一個月大約三千多塊，當時滷肉飯一碗只要五角，所以月薪三千塊大約等於現在一、二萬元的水準。

既然不必整天泡在醫院，門診量也不多，當時很多醫師同僚一個一個出去開業，我的心中也慢慢萌生開業的念頭。

徐千田大將的學生們，出去開業算是很普遍的，不像其他的名師，希望好徒弟留在身邊、不要出去跟老師競爭等，有這些那些顧慮。

徐千田大將的觀念很新，想法很不一樣，只要他認為學生的程度可以獨立了，他總是很鼓勵學生出去開業，這樣一來，他細心教導的學生就開枝散葉到全台灣，到處都有他一手調教出來的優秀婦產科醫師，對病患才是福氣。

徐千田大將這種利人利己的觀念，對我啟發很大。

試想，當子弟兵在外面開業，遇到子宮癌病變這種嚴重棘手的病例，第一時間不會送到台大也不會送到馬偕，一定是轉診送到老師那邊去，一來相信老師的專業，二來更感恩老師的提攜，對患者、對自己都好，兩全其美。

一開始決定試水溫時，我覺得當下很多事情沒有那麼確定，而且我人還在中興醫院，還沒提辭呈，所以草創之初，我並未辦理正式開業登記，不久，就接到其他同業寫黑函告發我，當時受到挫折，心情不免有些沮喪。

有一天，大將碰到我，開口問起：「你現在開業怎麼樣？」

我一五一十跟大將報告近況，也提到黑函事件，大將聽完就說：「不要緊，寫那個都是因為嫉妒啦，你繼續開沒有關係。」

後來我才知道，這個黑函投訴到他那裡去，是他幫我說話，悄悄處理了這樁黑函風波。直到現在，我還是非常感激他老人家的照顧和提拔。

民國六十五年，我開業當天，收到一幅由徐千田大將本人親自書寫題字「婦產科權威」的祝賀匾額，大將的字龍飛鳳舞，蒼勁有力，而這五個燙金大字，猶如刺青一樣，深深烙印在我心底，時時刻刻提醒著我，這一輩子都要擔得起「婦產科權威」這個美名，才不會辜負大將的期許。

一路走來，大將不但教了我醫學上的專業，還在關鍵時刻給了我許多幫助，這份恩情，我一輩子銘記在心。

民國 65 年開業那天，蕭中正恩師徐千田大將特地致贈親手題字的扁額，當成開業賀禮，蕭中正一直保存到現在。

中正醫路

華美題

參 成家立業時期

在屏東鄉下，我和英美的這場婚禮，
當年也稱得上是「潮州世紀婚禮」。

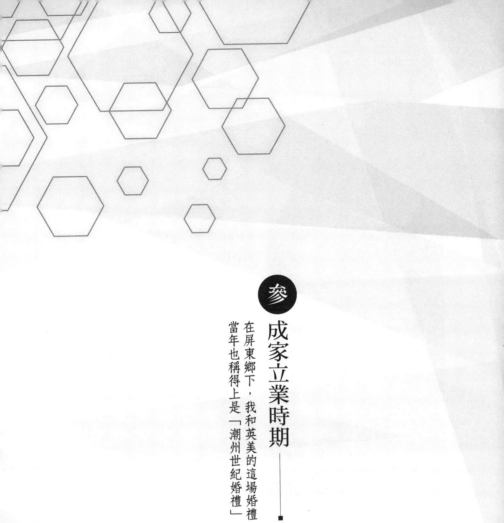

年輕時的藍英美，外型亮麗品學兼優。左圖是家人寄來的蕭中正相親照，乍看之下，她覺得蕭中正油頭粉面，不假思索把這張大頭照丟到床底下。

我與太太藍英美的第一次接觸

當醫生，整天泡在醫院，即使到了成家立業的年紀，根本沒時間認識女孩子。這幾乎是所有單身未婚醫生的共同煩惱，我也不例外。

早期男女結婚，都是靠媒妁之言，年輕男女到了適婚年齡想結婚，得靠別人的牽線，就是一般人常說的「相親」。

我們夫婦的牽線人是小舅——那時候太太還是陌生的「藍英美小姐」——輾轉介紹下，我的家人幫我挑了照片寄過去，小舅替我們跟女方家協調，就這樣展開我和太太的第一次接觸。

在雙方未謀面之前，我只聽說，這位即將要跟我相親的「最佳女主角」藍英美小姐，飽讀詩書，品學兼優，功課一級棒，屏東女中第一名畢業，保送到高雄女師，三年後全校第一名畢業，再保送直升國立師範大學教育系，是一個很不簡單的女性。

相親那天，我們一家人來到女方家，圍著客廳的小桌子排排坐，沒多久，藍英美小姐捧著托盤上來，為我們男方家人一一奉茶。

這時雙方長輩你一句、我一句話家常，他們大人說話，我插不上嘴，頭一次相親，還真有點緊張，這種場合我不敢直視女主角，只好頭低低盯著膝蓋，偶爾稍微用餘光瞄個一、兩眼，只記得藍小姐一身裙裝，很優雅坐在我對面。

整場相親，我跟藍小姐一句話也沒說到，正眼也沒瞧清楚，很快就結束了。在印象裡，那次相親感覺還滿好的，只是我們這對男女主角從頭到尾沒聊到半句話，有些可惜；但是，這段過程在太太眼裡，卻完全不是這麼回事！

直到很多年以後，太太才告訴我說：其實當時相親，她是「被逼的」。「我本來想等畢業之後再想結婚的事，結果我媽那時候下十二道金牌，逼我回家相親，還撂下狠話說，如果不回家就要跟我斷絕母女關係……我當時好氣、好委屈……」太太這麼說。

原來，相親那天，在我們還沒到她家之前，太太藍英美因為被媽媽逼迫，不得不從台北趕回屏東相親，她可是滿肚子的不情不願，很有個性、有主見的她，當天索性不穿絲襪、不化妝，隨便抹兩下粉，不好好打扮就出來給男方奉茶，以示她無言的抗議。

太太透露，相親那天她全程都板著臉，面無表情呆坐，但當時的我一點都瞧不出異樣。

我聽完太太這些話大吃一驚，「原來妳相親是被逼的嗎？相親之後我們相處還挺愉快的啊！」

繼續追問下去，太太才透露：「相親前看到你的大頭照，我心想：『這人怎麼梳油頭？一定是花花公子！』第一印象就不好，看完照片我就直接把照片丟到床底下。」

天啊，我的姻緣差點就被家裡挑的照片給耽誤了，老天可以作證，我平常根本不會特別弄成那樣，我絕對不是油頭粉面小生啊！

我還記得，相親結束後，我覺得沒跟她說到話不行，應該要把握機會進一步互相了解，隔天我鼓起勇氣，打電話約她出來碰面。

後來太太告訴我，相親那天她對我沒印象，不知我聲音怎樣，也不知我身體有沒有缺陷，想了好久，決定再給我一次機會，才答應我的約會邀請。

「我想考考你夠不夠水平，所以我當天故意放了很多古典音樂，沒想到你竟然聽得懂……」太太笑著說。

我記得，太太那時用點唱機播了幾首曲子，有貝多芬也有莫札特，剛好我平常也會聽古典樂，這方面我們頗聊得來，整個過程挺開心的。

感謝貝多芬、莫札特兩位大師，不知不覺我就這樣過了美人關。

後來我們約會次數愈來愈多，我還找她一起搭車回台北，只是她在國立師範大學念書，我在中興醫院駐診，但我們兩人都太忙了，很少有時間約會碰面。

等太太從師範大學畢業後，她回到屏東去教書，兩人分隔兩地，見面時間更是手指頭數得出來。

但我怎麼可能被距離打敗呢？

我當時想盡辦法抽空搭火車，定期回屏東找太太約會，那個年代火車很慢，搭車一趟就要耗掉十二、十三個小時，為了把握時間，我只好帶書在車上看。

我跟太太算是相親相到了好姻緣，儘管第一次接觸並不是那麼完美，但現在回憶起來，也是一段美麗的插曲。

那一天潮州世紀婚禮

跨越二十到二十一世紀的日本天皇明仁，宣布二〇一九年（民國一〇八年）退位，五月一日起，由他的兒子德仁繼位，日本正式告別平成年代，「令和」時代開啟嶄新的一頁。

日本第一百二十五代天皇明仁，打破皇室一千五百年來的傳統，他開自由戀愛風氣之先，一九五九年（民國四十八年）迎娶首位平民皇妃美智子，上演真實版王子與灰姑娘終成眷屬的美麗愛情故事。

為什麼我會提到明仁天皇？

我忍不住回想起五十年前，我和太太英美婚禮那天，省立屏東師範學校校長張效良擔任證婚人時，上台致詞說：「新郎長得很像明仁太子……」

我不知道我到底像不像明仁，但我敢說，日本天皇明仁與妻子美智子感情和睦，他的兒子德仁始終力挺枕邊人雅子妃，兩位天皇都是出了名的「愛妻家」，我也是。

話說，二〇一九年（民國一〇八年）正好是我跟太太的「金婚」，我們養兒育女、柴米油鹽正好滿五十年！

人家說，一個成功男人背後都有一個偉大女人，這句話百分百完全正確。一路走來我們恩恩愛愛，其中的酸甜苦辣，回味起來都是難忘的回憶。

我和英美是一九六九年（民國五十八年）結婚，當年迎娶，不像現在年輕人流行在大飯店請客，我們那個年代結婚請客，就是要「辦桌」、辦「流水席」，就像電影《總鋪師》演的情節一樣，飄著濃濃的台味。

辦喜事的那戶人家，在家裡附近搭起塑膠棚，紅色大圓桌，宴請親朋好友、左右鄰居，席開幾十桌，甚至上百桌，總鋪師帶著好幾名「水腳」，幫忙切菜、洗碗、上菜、打掃，負責所有的外燴菜色，總鋪師的手路菜不外乎八仙佛跳牆、五柳焿、白斬放山雞、鰻魚米糕、八寶丸子、筍絲腿庫控肉等，應有盡有，說有多熱鬧就有多熱鬧。

雖然比不上早我們十年結婚的明仁天皇、美智子皇妃那場皇家世紀婚禮，但在屏東鄉下，我和英美這場婚禮，在當年也稱得上是「潮州世紀婚禮」。

古早時代的婚禮，大多數都用花轎迎娶，但我和英美的婚禮，採取西式婚禮。在鄉下地方轎車並不多，我們婚禮當天，光是親朋好友出動的黑頭禮車，就來了

民國 58 年 2 月 21 日（農曆元月初五），蕭中正與藍英美結婚大喜，在老家祝三布行前留下合影。這場世紀婚禮排場之大，被視為潮州一大盛事。

二十、三十多輛，大排長龍，一輛接一輛，陣容龐大，氣勢、架勢十足，轟動整個小鎮，我們一路從潮州開往屏東，迎娶美嬌娘，因為車隊太長了，原本只要二十分鐘的路程，竟然開了快一小時才全員到齊，差一點耽誤良辰吉時。

結婚當天，不只親朋好友來祝賀，還有鄉長、鎮長也都來關心。因為爸爸當時是扶輪社社長，政商關係很好，他之所以廣發喜帖，把能請的都請來，是因為當時爸爸很期待我能回來潮州開業，所以他一手主導這場盛大婚禮，能辦多大就多大。一來慶祝娶媳婦，二來順便宣傳醫生兒子返鄉開業，請地方仕紳多多支持幫忙。

婚禮來了那麼多名流仕紳、長官、前輩，免不了要一一上台致意，我穿著當時最流行的條紋式樣燕尾服，英美一身華麗高雅的白紗，我們兩個就像結婚蛋糕上那對男女洋娃娃一樣，傻傻站在台上，聽爸爸請來的長官、名人致辭，一個接一個，沒完沒了，剛開始我還很專心聽，後來慢慢心思飄走了，腦袋放空，覺得腳好痠，不知英美是不是跟我一樣。

當時太太在台灣省立屏東師範學校任職，首任校長張效良，擔任我們婚禮的證婚人。

這位又帥又慈祥的張校長，上台第一句話就說：「新郎長得很像日本的明仁太子……」此話一出，立馬贏得所有人喝采，他妙語如珠，為婚禮帶來了一波高潮，讓我印象特別深刻。

當所有貴賓致辭、婚禮儀式完全結束後，我瞄到台下的客人正在吃最後一道甜點，人都走了三分之一，倒是我們這一對新人，從中午十二點開始「罰站」，一直站到下午三點宴客尾聲。

一九六九年（民國五十八年）二月廿一日，我和英美正式成為結髮夫妻，開始譜寫我們一萬八千個風雨患難、同舟共濟的生命樂章。

很多人不知道，「先生娘」叫起來好聽，但當起來可不是那麼一回事。人前光鮮亮麗，背後卻有許多不為人知的辛酸，特別是婦產科或外科醫師的另一半，先生總是廿四小時待命，醫師娘差不多就是「偽單身」，有老公也等於沒老公，家裡大小事都得靠一人操持，如果本身不夠獨立，很難撐下去。

幸好，我的太太本身就是一個能力強、獨立自主的女性，英美犧牲她大好的事業前途，一肩扛起家庭事務，悉心教導三位兒女，當我堅強的後盾，讓我在行醫過程中能夠全力以赴、沒有後顧之憂。

好多年後，太太才透露，當年就是看上我「對父母很孝順、又能兄友弟恭」這一點，深信我是值得託付的對象，所以才決定跟我牽手一輩子。

感謝妳，Fumiko（對太太的暱稱），這輩子能娶到妳，是我最大的幸福。

兩卡皮箱、一支電風扇，我們北漂了

說到「北漂」，你會想到什麼？

我不太聽流行音樂，但我那兩個念高中的外孫女蓉蓉、外孫 Olie，可能會對王力宏、黃明志唱紅的那首《漂向北方》比較熟吧？

我記得歌詞是「漂向北方，別問我家鄉，高聳古老的城牆，擋不住憂傷，我漂向北方，家人是否無恙，肩上沉重的行囊，盛滿了惆悵……」，馬來西亞鬼才歌手黃明志和王力宏唱紅了這首《漂向北方》，創作人黃明志把現代人離鄉背井的辛酸悲苦、面對現實的喪志消沉、背負生活的沉痾負擔，甚至是在夢想和現實之間的掙扎奮鬥，描寫得入木三分，淋漓盡致，贏得了所有人的共鳴。

話說回來，對我們這一代來說，講到離鄉背井打拚的出外人，比較有感觸的，應該是《鹿港小鎮》吧！

有「華語流行樂教父」之稱的羅大佑，一九八二年發行個人首張專輯「之乎者也」，《鹿港小鎮》是第一首主打歌，當時的羅大佑還是醫學院的學生，因此一炮而紅。

我也是很多年以後才知道，羅大佑這個小我很多屆的學弟，也是中國醫藥學院（今中國醫藥大學）醫學系畢業的，他後來棄醫從藝，瀟灑抛下一句話：「那麼多醫生裡，不需要多一個羅大佑；但在音樂上，還有很多發展空間」，羅大佑算是我們醫學系奇葩中的奇葩。

「台北不是我的家，我的家鄉沒有霓虹燈，繁榮的都市，過渡的小鎮，徘徊在文明裡的人們……」，卅八年來，這首歌到現在，還是離鄉遊子們的主題曲，我到現在都還會哼個幾句。

提到創作靈感，羅大佑說有一次他去修機車，維修工人說自己從鹿港老家偷了兩萬塊錢來台北打天下，結果錢和朋友吃吃喝喝用光了，一事無成，只好以修機車為生，無臉回家面對江東父老。

羅大佑提到，當年台灣十大建設已經完成，台北的農村景觀迅速地消失，他寫《鹿港小鎮》，不只描述出外遊子迷失在紙醉金迷的世界，高不成低不就，無顏返鄉，也希望點出都市現代化快速變遷，對傳統文明帶來的衝擊。

長期以來，政府重北輕南，台北是中華民國首都，也是台灣的政治、經濟、文化、教育、醫療、科學、學術研究的領導中心。

一九七〇年代開始，許多人希望到台北闖一番人生事業，有人北上當學徒，有人到工廠上班，有人努力求學，人人懷抱一個單純的夢想，期盼有朝一日事業有成，衣錦還鄉、光耀門楣。

在那個年代，北漂是一種自主性的選擇，是追逐夢想的美好過程，也是台灣人刻苦耐勞、力爭上游的精神。

值此同時，我和英美成為北漂小夫妻。

話說我們結婚後頭一年，我跟英美分隔兩地，她在屏東師範專科學校繼續教書，我在台北中興醫院當主治醫師，邊上班邊兼職，賺錢養家。

小夫妻分隔兩地，久久才能見上一次面，並非長久之計。可是，要嘛英美辭掉教職，要嘛我回老家開業，兩人當中勢必有一人得犧牲。

當時，爸爸非常希望我能返鄉開業，一來我留在老家光耀門楣，二來英美可以繼續執教鞭，不必放棄事業，一舉兩得。

爸爸盤算了很久，他先是在我和英美大婚典禮當天，廣邀地方名流仕紳，大大用力宣傳了一番，再來他特別買了一個舊教堂，「這裡將來要改成診所，給你開業用」，爸爸這麼告訴我。

說到我的爸爸，英美常常形容他「比美國總統雷根還帥」。爸爸又高又帥，在屏東潮州鄉下小地方，爸爸就常以一身雪白西裝搭配高筒馬靴示人，用一句現代人的講法就是「很潮」，一站出來，架勢十足，比大明星還要大明星。

爸爸身為公會會長，又是扶輪社社長、義消大隊長，經商、交際手腕很有一套，當年父親在潮州小有威望，每年他都捐很多錢，贊助地方大大小小活動，聲名遠播，許多鄉親遇到困難都喜歡找他幫忙。

我有時候回想，我自行開業，擅長跟病人交流溝通，醫病關係良好，也許就是因為我從小耳濡目染，繼承爸爸與人為善、助人為樂的家族基因吧！

話說回來，爸爸一心一意希望我留在故鄉開業，可是，我認為當時潮州還是個鄉下小鎮，不比屏東繁華，人口也沒那麼多，要開業的話，長遠考量，可能不是一個最理想的地方。

憑良心講，我是想留在台北的，不管是人口數量、醫療發展或是子女教育等環境，台北的資源都遠比潮州鄉下要多得多，但我看爸爸興致高昂，出錢又出力，更何況他已經昭告天下，連教堂都買下去了，我實在左右為難，猶豫再三，遲遲無法開口講實話。

最後，我鼓起勇氣，婉謝爸爸的好意，告訴爸爸北部比較有發揮空間，而且進修機會也比較多，爸爸雖然覺得很可惜，也只能尊重我的決定。

同年，英美懷孕了，她想北上任教與我團聚，夫妻總算合為一體，我們有共識，不跟家裡拿半毛錢，兩人一塊北漂，一起打拚。

英美帶著全部家當——兩卡皮箱、一支大同電風扇，因為捨不得買快車票，只好搭慢車，一個人搖啊晃的十二個小時，懷著忐忑不安的心情，北上迎向茫茫未知的將來。

「夫妻同心，其利斷金」，我相信，只要我們夫婦在一起，沒有過不去的難關。從此，我們白手起家，在台北這個繁華的異鄉，展開新的一頁。

那一段寄人籬下的日子

我和英美沒跟家裡拿半毛錢，兩個年輕人憑著一股傻勁和勇氣北上打拚，小夫妻胼手胝足，縮衣節食，常常兩餐併一餐吃，苦不堪言。然而，時隔五十年，思緒再次回到那一段寄人籬下的日子，頗有苦盡甘來、倒吃甘蔗的滋味……

約莫民國五十八年的春天，我們來到台北，當時我在中興醫院當住院醫師，沒有固定薪水，只有一晚五十元的值班費，為了養家餬口，白天我在醫院，星期一三晚上在三重、二六晚上在士林，到處兼差。

由於晚上要值夜班，我幾乎都住在醫院，但英美需要落腳之處，當時身無分文、買不起房子的我，先跟兼差的三重健生醫院租下頂樓房間，當成我和英美在台北的新居。

說好聽一點是新居，但其實比較像醫院頂樓的小倉庫，我們房間外面有一塊空地，有個水龍頭可以洗菜、洗碗筷、洗洗手、沖沖腳之類的，其他一片荒蕪，什麼都沒有。至於十多坪的房間，空無一物，沒有櫃子、沒有床，那時我們借了醫院兩張病床併在一起，當成是我們小夫妻的新床，湊合著用，如果要洗澡、上廁所，就得到樓下借用。

我常常不在，都是英美一個人在家，她那時在附近三重國中教數學，她有孕在身，行動不方便，我又沒辦法陪她。

英美說，她常常兩餐併成一餐吃，早上煮飯，中午帶便當，晚上加水煮成粥，加菜加料隨便和一和，晚餐清光光，所以那一陣子，英美天天擔心肚子裡的胎兒會不會營養不良、不夠健康等等。

還記得那一年中秋前後，艾爾西、芙勞西颱風過境，台灣各地受創嚴重，大台北地區淹水幾達一層樓高，至今四十歲以上的民眾，印象應該還很深刻。雙颱接踵而至，挾帶狂風暴雨，造成許多房屋倒塌，台北市災情慘重，到處都是被颱風吹落的招牌，新世界戲院的廣告鐵架被吹落，壓扁了路上的計程車。路上積水，許多民眾涉水過街，公車也在積水中繼續行駛，軍警人員出動搶救災情，三重市更是汪洋一片，居民涉水上街，軍警人員出動乘坐橡皮艇或馬達船運送物資。

我那時人在醫院，卻沒法趕回家看英美，當時又沒有手機，也聯絡不到她，我真是心急如焚，一籌莫展。

所幸，當時英美的弟弟妹妹，好巧不巧，剛好從南部上來看她，順便帶了家鄉點心來給姊姊解饞。

那時候她和弟弟妹妹從頂樓往下看，水鄉澤國，一望無際，居民狼狽不堪，涉水過街，那一幕景象怵目驚心，畢生難忘。

英美說這場淹大水，不知何年何月才能恢復正常，她正發愁自己大腹便便，要怎樣才能涉水過馬路去市場買菜做飯，一想到腹中胎兒又要跟著媽媽餓肚子了，她就忍不住滿心愧疚、悲從中來。

後來乃彰順利出生，我的岳母特地北上幫英美做月子，因為沒有床可以睡，只好委屈岳母席地而眠，更可憐的是小小嬰兒乃彰，也跟著睡硬邦邦的地上，後來，因為英美又要忙教書、又要帶孩子，分身乏術，心力交瘁，我人在醫院也幫不上忙，最後我們只好讓還在襁褓中的乃彰跟著阿嬤回屏東鄉下，我和英美在台北全力衝刺事業。

我們平時各忙各的，只有周末才有機會相聚，英美會煮一些好料，我們邊吃邊聊各自工作甘苦、生活點滴，那時小夫妻雖然很窮，但久久見一次面，有聊不完的話題，我們克勤克儉，省吃儉用，一心一意盼望早日擺脫寄人籬下的日子。

那時還發生了一件事，更加堅定我要自立門戶的決心……

當年我們在健生醫院的頂樓租房，浴室、廁所都和房東共用，連冰箱也是，只是，跟房東共用冰箱，常常要樓上樓下跑來跑去，非常不方便。

我記得，有次我滿身大汗，衝到冰箱前，拿了冰塊、冰水解渴，意外聽到房東語帶不悅的口氣抱怨：「為什麼蕭醫師那麼愛拿冰箱的冰塊？」

冰塊也是要用錢買的，冰箱也是要花電費，這些都是錢，房東還蠻寶貝那些冰塊的，我當下一聽到房東抱怨，心裡不太好受，不過仔細想想，也慢慢可以體會對方的心情。

既然房東話都這麼說了，我也不想一直用別人的東西，漸漸地心中起了買電冰箱的念頭——可是當年電冰箱非常非常貴，就算是二手貨，起碼也要三、四千元，是我在中興醫院一整個月的薪水，像我這樣吃人頭路的醫師，哪有可能買得下手？

這個插曲讓我開始思考，要怎麼脫離這種寄人籬下的生活？

獨立開業的事開始在我心底醞釀。

說來幸運，沒過多久我剛好有機會去彰化前輩開的醫院代診，前前後後賺了三萬多塊，於是，我跟太太狠下心，咬牙砸下三萬塊，等於花了我差不多十個月的薪水，買了一台米黃色的奇異冰箱，不是國產，是高級舶來品，還有自動製冰功能，那時覺得自己工作再艱苦、再困難，只要一杯冰水下肚，一切都值得了！

這台奇異電冰箱可以說是當年我們犒賞自己，最大手筆的一次，從此以後我跟太太恣意享受炎夏啖冰消暑的樂趣，再也不需要看房東臉色。

現在想起來，說不定那樣被房東激了一回也是好事，因為這個冰塊事件，讓我朝開業的目標再邁進一大步。

我們獨立了

台語有句俗諺說：「聽某嘴，大富貴」，用現代話講，應該就是「成功的男人，背後一定有一名偉大的女人」。

這句話我很有感，我自己就是奉行不悖。

我雖然沒有什麼「愛妻守則」可以吹噓，但我對太太藍英美的任何想法或決定，絕對是舉雙手雙腳贊成，光是選院址這件事，就跟她選丈夫一樣，英美真知灼見，眼光一級棒。

最初蕭婦產科在選址時，聽人介紹社子島有家醫院打算頂讓，這是一家現成的醫院，什麼軟硬設備都有，不用另外再蓋，還有固定的病患人數，介紹人強烈推薦我們接手。

即使這樣，英美還是決定不去社子島，為什麼呢？

關鍵就在她通盤考慮了幾個問題。

第一，社子島離都會區較遠，當時那一區都是鐵皮工廠，不是市區。英美覺得，懷孕生子是一件大事，產婦要嘛會在家附近找醫院，看診方便，不然就是往都市大醫院找最好的醫師，享受最專業的服務，根本不會有人跑去偏遠工廠附近的新醫院生產。

其次，社子島那家醫院附近約有四十家工廠，人口算一算應該還不少，可是英美認為，就算工廠裡的員工、眷屬加一加，病患不會少，但是再怎麼樣，也不可能比板橋人口多。

英美有研究過，除了板橋當地，鶯歌、三峽都可以算是板橋的腹地，人口再怎麼樣，都不可能比社子島少。

甚至，英美還跟介紹人說：「這麼好賺的地點對方為什麼不留著自己賺呢？這麼熱心推薦我們，說不定暗藏私心，搞不好有什麼不能說的問題沒講。」

果不其然，社子島那一區因為總是淹大水，被台北市政府下令限建、禁建四十年，地區不能建設，根本發展不起來。

還好，當時太太提出這些觀點，分析給大家聽，否決了去社子島開業，選擇了有腹地、發展潛力大、人口紅利多的板橋。

不只挑開業地點，英美眼光獨具，我在這裡不害臊地說，她挑老公的眼光，也是一等一的厲害。

雖然英美不愛我油頭粉面的相親照，相親那天對我的第一印象也不深刻，但後來經過一段時間相處，她覺得我這個人對父母很孝順，對兄弟姐妹很友愛，為人做事很可靠，又知道我是徐千田大將的得意門生，在我還沒開業、完全獨立的時候，英美就已經看到我有無窮潛力。

聽到英美這麼說，我真的很開心，男人其實很單純，就是喜歡被女人崇拜，尤其是被枕邊人誇獎，心裡可樂的，做牛做馬都願意。

跟我這個一輩子只懂看病、手術開刀的醫師相比，英美才真正是個懂投資、肯付出、有愛心和大智慧的女強人。

也許很多人不知道，「醫師娘」聽起來很風光、很好命，但實際上卻不是那麼一回事。

尤其是「內外婦兒」這四大科的另一半，更要忍人所不能忍之苦，簡單地說，醫師老公隨時待命，是病人的，老公有也等於沒有，家裡大小事沒人幫，醫師娘樣樣得自己來。

我一天到晚都在工作，從早上看診到晚上，日夜不眠不休，常常半夜還在接生或開刀，家裡的事、孩子的事，都是英美一肩扛起，讓我無後顧之憂。

我平日常常忙到晚上九點、十點，頂多抽個空，上樓瞄一下孩子熟睡的臉龐，調整一下電扇，讓孩子睡好覺，這就是我僅有的、全部的親子互動時間了，很短很少，我知道，常聽人笑說「醫師小孩都跟爸爸不熟」，當醫師的好像都是這樣的命，沒辦法。

這些年來，英美「擇其所愛，愛其所擇」，始終扮演我最堅強的後盾，一人身兼父職母職，我對她滿滿的感激和愛意，無法用言語形容。

藍英美抱著襁褓中的蕭乃彰，回老家祝三布行給公公婆婆看孫子。

從蕭婦產科到蕭中正醫院

很多人問我，當年我北上打拚，為何不選在「首善之都」台北市開業呢？

之所以落點板橋，其實是有一段淵源。

之前當住院醫師，到處兼差看診，我比較熟悉的區域大致是台北市大同區、士林區，還有新北市三重區（過去稱台北縣三重市）一帶，我和太太分析過，台北市非常競爭，到處都是徐千田大將的得意門生，所以我和太太先不考慮台北市，而且出於道義，我跟三重的助產士保證過，我絕對不會在附近開業，也就是說，我必須要捨棄原先習慣的地盤，另覓他處，從零開始。

我跟英美來自屏東，不是在地人，沒有地方人脈，只能想辦法到處打聽，也請人幫忙留意。

當時，有人推薦台北市社子島有個地點不錯，算是台北市行政轄區內，但是太太細問之後覺得不妥，她認為，雖然板橋位在台北縣，卻是大都會，又是縣政府所在地，論地理位置、交通、人口、未來發展性，板橋都比社子島理想得多。

民國六〇年在都市計畫下，板橋地區公共設施與交通系統大幅改善，隔年，人口數已近縣轄市標準之十五萬人，升格為臺北縣板橋市。

板橋區全區人口約五十五萬五千人，在全國三百六十八個鄉、鎮、市、區中排名第一，甚至超越全國半數以上縣市之人口數。

板橋因有新北市政府坐鎮，以及快速發展的新板特區，被視為是新北市蛋黃區，新北市高達四百萬人口，板橋區人口就占了八分之一，遙遙領先其他二十九個行政區。

之前曾有鄉民在網路上「鬥嘴鼓」，比一比誰是「新北一哥」？結果板橋人、中和人、三重、新店人都來幫腔、拉票，最後，板橋挾人口五五萬，加上台鐵、高鐵、捷運三鐵共構這兩大強項，漂亮贏得「新北一哥」美譽。

好不容易落下腳跟，我們一步一腳印深耕板橋，踏實地在第二故鄉開始打拚。說到這，不得不佩服太太英美當年選址的獨到眼光。

我們決定落腳板橋後，剛開始，先在湳雅夜市的「巷仔內」租房子，為何我不租大馬路上的店面？因為那時候地點好的街邊、三角窗地帶，租金每個月至少都要六千塊，我不敢一下子就租那麼貴，就湊合著先租「巷仔內」，只要兩千五。

因為我們不跟爸媽拿錢，手邊現金不多，剛開業時，婦產科診所相關設備都沒有買新的，而是買退休醫師二手設備來用，草創之初，我們什麼都很省。

創業維艱，隱藏在「巷仔內」的蕭婦產科開張後，出現一個棘手的問題。跟眼科、皮膚科不一樣的是，婦產科有個特色，就是「吵」。

科學家把疼痛分為一到十個等級，剁手指、癌症末期是最痛，再來就是生產痛，至於牙痛，根本上不了榜。

女人生孩子就好像是人生中「小死」了一場，很多媽媽一輩子都忘不了分娩時那撕心裂肺、痛徹心扉的疼。產婦快要臨盆時，一定是痛得哭天搶地，什麼鬼哭神嚎啦、「殺豬叫」這些形容詞，都很傳神，對婦產科醫師、護士們來說，聽習慣了，這是生理現象，很正常。

慘的是，以前房子隔音不好，來我診所分娩的產婦，每每哭得驚天動地，還常常在半夜時分吵到左鄰右舍，我就天天被房東罵，罵到後來，房東連病人一塊罵，什麼難聽的三字經、五字經都有。

我跟房東、鄰居失禮賠不是了半年，想想這樣下去不行，最後我和太太輾轉找到目前在南雅南路上的「起家厝」。

很多人不知道，現址占地一千兩百多坪、四層樓建築的蕭中正醫院，其實是三戶民宅併起來的；最初我們也是先租其中一戶，畢竟是老房子，三十多坪長長窄窄的也不夠大，但我想就先買吧，以免又發生房東抗議的事。

當時我們賺的錢，都寄回老家給爸爸了，我們手上現金不多，為了買房，我只好開口跟爸爸要一百八十萬，但他一聽嚇到：「怎麼那麼貴？一間一百八十萬？這在潮州可以買一排厝！」

隔年，房價繼續上漲，喊價來到了二百五十多萬，媽媽擔心再拖下去房價不知還要漲多少，堅持要我們快點買下來，後來爸爸也同意，於是我們有了第一間起家厝。

還不是買了就沒事，賣家有一個叔叔住在三樓不肯搬走，類似現在的釘子戶，房子都賣了還繼續住，拖來拖去直到民國六十四年才搬離，蕭婦產科終於有了真正屬於自己的場域。

搬離之後，我們把舊房子打掉，重新裝潢，新院整修是一件大工程，當時太太特別拜託我的老丈人親自監工，前前後後蓋了兩年，非常辛苦才完成，那時民國七〇年。

全新落成的蕭中正醫院，共有四層樓建築以及地下室，新增硬體基礎設施，包括病床用電梯自動發電機、中央及分離系統冷氣、中央系統氧氣、消防設施以及警察局連線報案系統。

除了婦產科醫院必要的設備外，另設有X光室、檢驗室、超音波室、衛教室、嬰兒室等，以及清幽獨棟的護士暨醫師宿舍大樓。

值得一提的是，「蕭中正醫院」招牌那五個大字，鐵畫銀鉤，龍飛鳳舞，是我太太英美親自書寫的，別有一番意境。

話說，當年老丈人指示新院要蓋兩個大水塔，我和太太覺得有點怪，好像不太必要，但蕭中正醫院自民國九十三年開始，朝呼吸治療、復健、血液透析中心等醫療方向轉型，果然需要更多用水支撐洗腎設備，老丈人廿年前就預知這一切，他老人家深謀遠慮，令人敬佩。

蕭中正丈人藍秀禁特地北上，協助新院重建監工，前後蓋了兩年，民國 70 年左右才完成。

藍秀禁深謀遠慮，指示新院要蓋兩個大水塔，對日後蕭中正醫院有莫大幫助。

隨傳隨到Dr.蕭

太太總愛叫我「應召男」，隨傳隨到，很貼切，這可能是專屬我們這一代婦產科醫師的印記吧！

原本，醫護人員向來屬於責任制，二十四小時隨時待命，不過，自從民國八十四年全民健保上路之後，台灣整體醫療環境大丕變，醫護人力明顯不足，年輕醫師過勞死事件屢見不鮮，「醫師救人，誰來救醫師？」醫師過勞死頻傳引發各界關注，進而催生台灣醫療勞動人權。

勞動部宣布，一〇八年九月一日起，醫療保健服務業僱用的住院醫師，適用《勞動基準法》，約有四千多人受惠，占不到全國總醫師人數四萬八千人的一〇%。勞動部預計，未來繼續擴大到公立住院醫師、主治醫師等，適用勞基法。

醫護人員從「責任制」變成有朝一日全部適用勞基法，這在我們「師徒制」教育的那個年代，絕對想不到。

也許是當時，我們把「學習」看得比身體健康還重要，一心一意希望自己早日獨當一面，不管工作有沒有薪水、超不超時、吃冷飯冷菜，都得咬牙撐下去，畢竟，開一千台刀跟開五百台刀累積出來的經驗、技術和能力，真的有差。

可能正因為經歷過如此魔鬼訓練，像我擔任婦產科醫師，很早就習慣隨叫隨到，畢竟產婦自然分娩，可不會按照時辰，嬰兒何時誕生，誰都算不準，在我印象中，自己開業那段時間，我很少睡過一個香香、長長的覺，就連吃飯，常常幾分鐘就迅速扒光，趕著看診、接生。

我忙到沒有時間睡覺吃飯，反映出大家都拚命「增產報國」的事實。

民國六〇到七〇年代，台灣出生率很高，民國六十五年至七十一年之間的新生兒超過四十萬名，最高峰是民國六十五年龍年嬰兒潮，高達四十二萬人出生。民國五〇到七〇年代，台灣人口增加率超過千分之十七，政府還因為人口太多，衛生局帶頭喊出「兩個孩子恰恰好，一個孩子不嫌少」的口號。

開業剛開始那幾年，只有我一個醫生，幾個護士，診所忙得團團轉，最高峰的時候，我一個月接生將近二百名新生兒，等於一天親手迎接至少六個小小新生命來到人間。

產婦如流水般上門，我和護士忙得不可開交，太太看人手不夠，毅然決然放下教鞭，辭去老師的職務，一邊負責養兒育女，一邊協助診所大大小小行政事宜。

太太除了協助產婦辦理出入院手續，不時還得安慰產婦分娩的緊張情緒，甚至常常煮麻油雞湯，分送給新生媽媽食用，為診所贏得好口碑。

那段日子我真像「無敵鐵金剛」，一天睡不到三、四小時，需要開刀的病患常常排到半夜十一、二點動手術，中午時間常常不得休息，也在動手術，至於門診時間，只能利用開刀之間的空檔，能看幾個病人就看幾個病人。

我們診所人力不足，床位、器材清理等，護士全部來不及收拾，太太先把孩子哄上床睡覺，再一起幫忙收拾，常常弄到半夜一、兩點，忙完就煮宵夜，大家一起吃，這時候可說是一天當中最美好的時光。

早期，婦產科沒有打廣告、也沒有臉書、Line等網路宣傳這類的，患者都是口耳相傳、慕名而來的，當年指名找我開刀的病患這麼多，我自己也很驚訝。

曾有一位六十八歲女病患，子宮脫垂、嚴重潰爛，疑有癌症病變，她專程從南部北上找我，她看了很多醫師都沒改善，且醫師都認為她年紀太大，不宜貿然動刀。

不得已她去問神，神明指點她說：「妳去找北部某個方位，有一個姓蕭的」，後來我看完病患的切片，經由切片篩檢之後，再用電燒處置，最後用子宮托把她的子宮推回原位，最後女病患不用開刀，也沒有再發生子宮脫垂的問題。

類似這名女病患不辭千里來求診的故事，在我開業行醫逾四十年來，發生不只一樁，我想患者一直找上門，可能跟我喜歡挑戰高難度、解決棘手案例有關。我們穿白袍的，天命就是來幫患者排憂解難、藥到病除，因此，我不挑病人，就算是用門板抬進來的也收，不論患者病況好壞，我都用心診斷、全力救治，不輕言放棄。

也許因為我的堅持，我的診所漸漸聲名遠播，我有很多回流的病患，甚至是病患的第二代、三代，她們還是都回來掛我的診，看到病人跟我一樣「從黑髮到白髮」，很感動，我的用心與辛勞，都很值得。

直到多年以後，我的同班同學許龍國醫師在一次聚會時，跟大家說：「那幾年很多醫師都帶妻小出國去玩，蕭中正那時候卻是忙到沒時間出國。」

聽到許龍國這樣說，我突然想起我的恩師徐千田大將，早年他忙著教學、看診、動手術、做研究，也是一天睡不到三、四個小時。他曾經說過：「看病人就是我的休閒，開刀就是我的娛樂」，老師的身教言行深深影響了我。

為了當一個好醫師，我把全副精神投注給病人，甘之如飴，數十年不變。

連體嬰接生

在我二十四小時待命的行醫生涯裡，最難忘、特別值得一提的案例，莫過於連體嬰的接生了，當年還造成一陣不小的轟動。

四十多年前，在我們那個沒有超音波產檢的年代，往往都是靠助產士或醫師長年的訓練和經驗累積，來判斷肚裡的胎兒是否健康安在。

還記得忠仁、忠義嗎？

他們是亞洲第一對、全球第四對分割成功存活的連體嬰，當年忠仁、忠義兄弟這個連續十二小時馬拉松式分割手術，轟動全台，震驚全世界，因為在這個手術之前，全球只有三對連體嬰進行分割手術。

民國六十五年十二月廿三號，忠仁、忠義這對「坐骨連體嬰」，出生於高雄市中心醫院，上半身各自分開，各有獨立完整的頭部、胸、心臟、肺、肝和雙手，下半身則是共同一個肚臍、一個骨盤、一個男性生殖器和三隻腳。

民國六十八年九月十日這天，台大醫院組成史上最龐大的分割團隊，出動四組、十多位醫師，外科病房所有手術全部暫停，集中三十多套手術器材，出動二十多位護士，按手術不同階段輪流上場，從腸胃、肝臟、泌尿系統到骨頭，最後是「重建」，共有二百三十二位善心人士，主動捐出六萬CC血液供手術之用，歷經逾十二小時的手術，成功讓忠仁、忠義成為兩個獨立個體，以一人一腳的姿態面世，重獲新生。

由此可知，台灣當年的醫療技術，已跟歐美等國一流水平並駕齊驅！台灣的醫療技術全球有目共睹，我的恩師徐千田還是世界婦產科學會創辦人之一，台灣醫師在國際醫學會、研討會都不缺席，醫術、醫材等都與國際接軌，這次亞洲首例坐骨連體嬰分割手術，不只全程有中視轉播，在國際媒體也得到極高的評價和關注。

忠仁、忠義接受分割手術那年，對我來說印象極為深刻，因為連體嬰案例發生機率極低，僅有二十萬分之一，幾乎婦產科醫師接生三到四萬個新生兒，才會碰到一次，非常罕見。

說來巧合，當年忠仁、忠義兩兄弟分割手術成功後，才隔一個多月，民國六十八十月十五日，我就在自家診所接生到一對連體女嬰。

這對頸部以下到骨盆相連的完整性雙頭連體女嬰，除了有兩個頭部以外，從

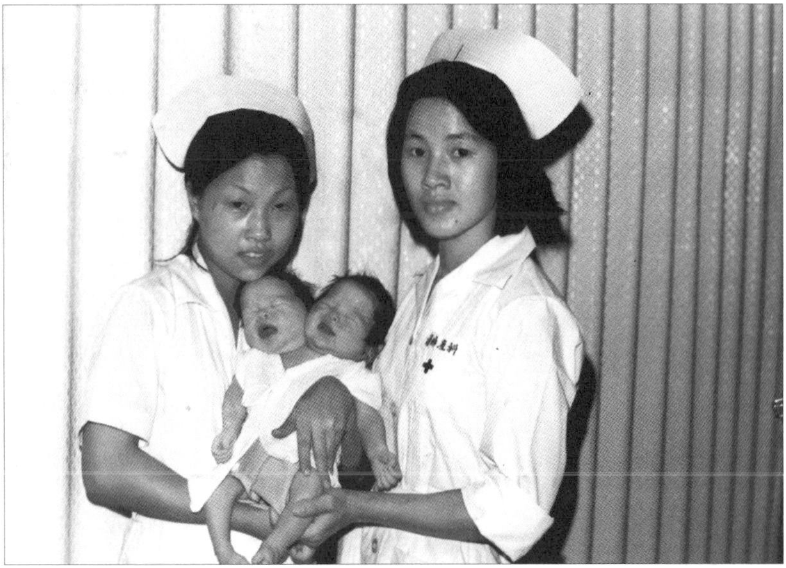

民國 68、69 年間，蕭中正院長連續接生了兩對連體嬰，受到媒體廣泛報導。

X光照片顯示，她們有兩根脊骨，而兩人擁有一個軀體，各有一隻手與腳。

生產時，我用剖腹的方式接生，重量達四點五公斤，接生後，這對女嬰的健康狀況還不錯，可是若要能夠長期存活，又是另外一回事。

這對女嬰的身體狀況非常棘手——以往的連體嬰大多是像忠仁、忠義那樣，身體局部連在一起，比如胸部相連、骨盤或者肩部連接。

但這對女嬰，卻是從頭部以下整個身體都連在一起，如果要做分割手術，情況恐怕並不樂觀，尤其連體嬰手術的切割，會牽涉到全身器官的重組，還有全身血液流向的重新分配，可以說是醫學界最高難度的手術。

即使是像忠仁、忠義兩兄弟那樣有各自的器官、骨盤連接的坐骨連體嬰，施行分割手術的成功率，也只有五〇％，要嘛上天堂，要嘛下地獄，手術風險不小，我當時研判，這對女嬰的狀況若要進行分割，想必是更加艱難。

一般而言，連體嬰在誕生過程中受創的可能性極高，約四〇％至六〇％會是死產，三十五％只能存活一天，整體存活率約在五％到二十五％之間。儘管我們施以最妥當的照護，醫療本身仍有其極限，這對雙頭連體女嬰的健康狀況漸漸變差，最後因為心臟衰竭死亡，沒能撐到施行分割手術，實在令人遺憾。

後來經過家屬同意，我將雙頭連體女嬰送至台大醫院，解剖做病理研究，希望將來台灣的醫療技術更臻成熟，可以幫助未來更多類似的棘手案例。

巧合的事還不只一樁，隔年七月五日，我又接生了一對「腹部連體」、「臍澎出」兼「腹裂症」的連體嬰，原本預計要剖腹產，但經過評估後，我最後決定讓孕婦自然分娩，儘管接生過程頗為驚險，但這對連體嬰最後呱呱落地，當時我和接生護士們都很感動，可惜的是，這對連體嬰頂多存活了一週，最後仍然無法倖存，也是一件憾事。

當年社會大眾對忠仁、忠義分割手術、連體嬰等議題，關注度相當高，而我竟然在民國六十八、六十九兩年內，連續接生了兩對，受到媒體廣泛報導，對民眾注意連體嬰形成及預防，提供了重要貢獻。

現代，拜醫療科技進步發達之賜，產婦在懷孕十週左右，透過產檢超音波檢查，可以知道有沒有懷上連體嬰，如果懷上了連體嬰，由於存活度不高，產婦通常可以早早引產，獲得良好的處理。

這正好可以解釋，為何四十年前的連體嬰案例，發生機率較高，也容易引發社會極大關注。

過去，沒有超音波等醫療儀器輔助，全靠醫師或助產士本人長年的臨床訓練和經驗累積，造就一身好功夫，如今，全球醫療科技日新月異，超音波或X光攝影已經不算什麼，高端影像檢驗如MRI、CT、PET等我們熟知的磁振造影、斷層掃描、正子造影這些檢驗醫學，愈來愈發達，對醫師、病患來說，真是一大助益。

視病猶親

我跟太太英美從屏東鄉下北上打拚，白手起家有多辛苦，若非親身經歷，很難體會箇中滋味。

最開始，蕭婦產科診所落地板橋，人生地不熟，我們誰都不認識，為了宣傳這家新診所，當年我們只懂老派的招數——夾報。

我們把開業消息印成傳單，夾在報紙裡，跟著報紙送到讀者的手裡，問題是，有多少病人是看到夾報上門的？老實說我們也不太清楚。

我對自己的技術信心十足，我認為「呷好道相報」這個辦法比較實際，更何況早年那個時代，沒有網路可以查詢哪家醫院好、哪位醫師技術精湛，病患求診通常都是靠口耳相傳，互相推薦。只不過，我和英美不是在地人，又沒親戚朋友住附近，到底要找誰幫我們傳名聲？

最後，英美用了最土法煉鋼的一招，就是逢人自我介紹。趁著每天到市場買菜時跟攤販聊天，邊買菜邊介紹說：「我們是蕭婦產科，有需要都可以過來。」

漸漸地，時間拉長，也跟左鄰右舍鄰居慢慢比較熟了，來看診的病人也慢慢多了起來。總算有了一個好的開始。

不過，病患多了，需要處理的狀況，也跟著多了。

我行醫將近一甲子，始終以「視病猶親」的態度和理念，對待每一位病人，這也是蕭中正醫院一直以來的堅持。

什麼是視病猶親？

從醫學院當學生開始，這一直是我們的道德教條。當年的醫學院教育，教導我們要具備「視病猶親」與「仁心仁術」的醫者情懷，也就是說，醫師不只能治療大眾的病痛，也要將病人視同自己的親人般對待。

在還沒有健保的年代，我的診所時不時會有經濟能力不佳、付不出錢的病人上門求診，我總是想「先醫再說」，這樣的例子還不少，具體的數字我沒有印象，不過，醫院內部帳目經過核對，發現這些費用加一加至少也有上百萬元之多。

所謂醫者父母心，某些手頭空空、半毛錢都擠不出來的病人，我也看不下去，最後乾脆錢也不去收了，也許這就是社會責任吧！

我想，人總是有狀況好跟不好的時候，病人也不是故意交不出錢，既然如此就罷了，我想我能做到的，就是這樣吧。

不知道是不是老天冥冥之中有在看，有時候也會遇到「揪感心」的病人。

有一位病人來掛號，剛好錢不夠，太太英美跟她說沒關係，下次再說，後來病人離開，沒半個小時又折回，只是為了那區區二十塊錢，病人竟然搭計程車趕回家拿錢再折返回來，真的很堅持。

英美跟我說這件事的時候，我也是覺得又感動又不好意思，病人這樣老實又有誠意，當時我真的很想拍拍對方肩膀說不必這樣。

還有另外一個讓我印象深刻，當時據傳是「神明」幫我介紹來的病人！

有一個子宮嚴重脫垂的老太太，特地從南部上來板橋，找我看病，我問診時還覺得奇怪，她怎麼會跑這麼遠來？

結果老太太竟然回答：「神明指示說北方有貴人，要有信心，說是姓蕭。」原來這位老太太去廟裡拜拜，聽神明指點明燈，然後北上來求醫，竟然找到了我。

我一聽當然覺得很不可思議。

經過一番問診和檢查，原來這位老太太二十年前就有子宮脫垂毛病，但都一直沒有徹底治療，拖了這麼多年，她的子宮都脫垂了，情況十分嚴重，真不敢相信這位老太太怎麼這麼會忍痛。

這樣的病例，開刀最好，不過，考量老太太已七十多歲了，並不想開刀，我尊重病患不想冒險開刀的心情，既然如此，我用子宮托器械，把脫垂的子宮推回原本該有的位置，然後我跟老太太說，務必要定期回診消毒，老太太很聽話，經過一段時間，她再也沒有子宮脫垂毛病了，能夠成功治好，老太太非常感激我，更感謝神明給她的指示。

隨著醫院規模愈來愈大，多年來深耕板橋有成，太太跟我說，她走在路上，常常被左右鄰居認出來，時不時有人突然在街上熱情地對著她大喊：「我是在你們蕭婦產科生的喔！」

這些在地人這麼熱情，真的可以感覺老病人都把我們當親人、朋友，有些到了二代、三代，也都還是回來我們醫院生產，可見我們的理念、心意都有傳達到。

「視病猶親」不僅僅是一句口號，它就像我的ＤＮＡ細胞一樣，真實應用在我的行醫生涯裡。

我有一張鑽石嘴

最近，我的同班同學許龍國醫師跟我說：「有一位護理長封你『鑽石嘴』，你還記得嗎？」

鑽石嘴？有嗎？我一點印象也沒有。

許龍國醫師說，民國六〇年左右，他調去省立宜蘭醫院看診，有天，一位護理長興沖沖跑來問他：「有一個『鑽石嘴』醫師，姓蕭，你認不認識？」

許龍國醫師一時會意不過來，後來仔細回想，護理長講的人應該是我，許龍國當下忍不住哈哈大笑，覺得這位護理長形容得太傳神了。

「鑽石嘴」是台語俗諺，意思是指口才很好、很會說話的人。

英美說，潮州鄉親們也愛講我的父親有一張鑽石嘴，可見我有來自父親的好遺傳，只是，父親的鑽石嘴是用來做生意，我是用來跟病人溝通，建立良好的醫病信任關係。

早年，白袍醫師很有權威，對病患不假辭色，姿態也擺得比較高，但我不一樣，可能我從小耳濡目染，看父母親如何與客人應對進退，掌握人與人溝通的技巧，所以，不管是對病患問診或是進行衛教，我總是不厭其煩，有耐心，慢慢講，看一個診花個大半小時，是常有的事。

我是婦產科專業醫師，根據我多年經驗，對孕婦進行一對一衛教還不夠，有時候需要「被衛教」的，反而是孕婦的丈夫，甚至是她的公公或婆婆。

早期那個年代，衛教知識尚未普及，如果說媳婦不幸流產，儘管外表看不出有任何異樣，家裡公婆、先生常常覺得沒什麼，就會要求媳婦照樣工作，常常都是幫忙農事之類的粗活。

我在臨床上，發現類似案例很多，小產後的媳婦，總是沒有聽醫囑在家靜養休息，我想這樣不行，媳婦在家裡可能說不上話，後來，我都會請媳婦帶全部家人一起來診所，我以醫師的角色，對先生、公婆好好「衛教」一番。

我告知媳婦的家人，病人小產後絕對不能勞動，必須靜養休息幾天，身體比較容易恢復，以後再懷孕比較沒問題等等，聽完我的話，家裡也比較願意配合，我想，雖然我花多一點時間，但是這樣對病人比較好。

另外，我還聽過病人轉述，她在別家醫院被醫師判定小孩救不了、乾脆直接流產等等，病人聽了眼淚忍不住直流，因為捨不得，跑來我這裡尋求第二意見。

經過一番問診檢查，我認為，可能有一半的成功率可以試看看，於是我慢慢跟病人和家屬溝通，請他們全家都要配合，後來這位準媽媽乖乖在床上躺個七天、半個月，最後安胎成功，順利誕生一名可愛的「帶把」寶寶。

過了好多年以後，這位原本被判定流產的媽媽，帶著她的兒子來看我，他們很感謝我當初不放棄，一直幫他們想辦法留住胎兒。如今小孩都四十歲了……那一刻，我真的很高興自己一直以來的堅持，這一條小生命從我手中誕生，長大成人，我比這位媽媽還要開心、喜悅一萬倍。

婦產科錢少、事多、離監獄近？

根據陽明大學公共衛生研究所楊秀儀教授一項調查，發現自二〇〇〇年一月一日起至二〇〇八年六月三十日止，台灣地方法院共有三一二位醫師被告，其中八十名醫師被判有罪，台灣醫師的「有罪率」竟高達四分之一（二五・六％）。每四名醫師，就有一人有罪，很嚇人的數字吧！

不只如此，台灣是全世界醫師犯罪率最高的國家，平均每三八・八天就有一位醫師被判「有罪」。

據我所知，就算是醫療訴訟最盛行的美國，百年來也只有一例醫療刑事案件，但從楊秀儀教授這項調查結果來看，八十名被告醫師，內外婦兒四大科與急診科，占了八六・二％，風險愈大的科別醫師，愈容易被告。

台灣醫師隨時可能由病人口中的活菩薩，變成人人喊告的「殺人犯」，難怪有人開玩笑說，現在的婦產科醫師，已經變成錢少、事多、離監獄近的行業。

正因如此，愈來愈多醫學系的優秀畢業生，不選勞心勞力、容易被告的四大科，寧願選牙科、皮膚科、眼科、耳鼻喉科等輕薄短小的「五官科」，大家情願

「救醜」，也不要「救命」，像我這一代的婦產科醫師逐漸凋零，我真的很擔心，以後誰要來接生？誰要來救命？

每次想起這個，我們這些「老屁股」就開始搖頭嘆氣，如果我的恩師徐千田大將還活著，絕對也是仰天長嘆、徒呼負負啊。

說起我們早期的醫病關係，不像現在這麼劍拔弩張，動不動告媒體，鬧新聞，甚至到醫院抬棺、撒冥紙。

在民國五〇年代到民國八十四年實施健保前，這段俗稱「台灣基層醫師的黃金年代」，大醫院不多，小診所林立，醫師和病患的關係真的很好，病人都是自己找醫師，只給自己相信的醫師看診。

那時候，病患重拾健康，為了表達感恩之意，不是送自己種的水果、青菜、雞鴨，就是送牌匾或字畫給醫師，以前我的診所也是掛滿了一整片牆，這些牌匾都是病人的心意，我都很感動保存著。

說真的，過去的白袍醫師，地位高高在上，受人崇拜，都很難避免發生醫療糾紛了，更何況是醫病關係節節下滑的現在？

根據民國七十六年到一〇六年衛福部統計數據，醫療糾紛送去鑑定共一萬多件，鑑定結果有醫療疏失的只有九百多件，大概一百件鬧上法庭的醫療糾紛案，醫師、院方真的有疏失的，只有八件，可見從事正規醫療行為卻被誤解、被告，是多常見的事。

做任何事都有風險，患者就醫看病要冒風險，醫師問診治療也不例外。從前到現在，有不少同業常常拒收病況不佳、風險高的患者，但我有我的堅持，就算病人用門板抬進來我也收，我的想法是，既然人家相信我，人都送到我這裡，我就是患者眼前最近的希望，我們這一行的使命，就是跟死神搶時間，無論如何都是救人要緊。

人來一定收治，在一些同業眼裡可能覺得不可思議，尤其民國八十四年健保實施上路後，醫病關係不如以前好了，發生醫療糾紛的可能性更高。

更可怕的是，連法律也不站在醫師這邊——民國八十九年，譚小姐在馬偕醫院生產，結果因為胎兒肩難產，頭先出來了，可是肩膀卡在孕婦體內出不來，後來小孩因此右手不能動，家屬就告上法院，請求一百萬元的損害賠償。

凡這類涉及專業判斷的醫療糾紛案例，都會由醫師組成醫事審議委員會進行鑑定，本案經過醫事審議會鑑定，醫師、醫院都沒有過失，但法官在一審、二審卻依據《消費者保護法》判賠一百萬，明明醫師、醫院沒有錯仍被法院判賠，引起醫界一片譁然！

醫療涉及人體治療，人體高度複雜，每次手術都有不確定性，怎麼能適用消費者保護法？

光一個肩難產，可能是因為胎兒過重、肩膀位置不對，或是孕婦骨盆窄等導致，但臨床上又不是巨嬰或孕婦骨盆窄就一定會導致肩難產，等於這個問題根本沒有辦法預防。

雖然肩難產案最後以和解落幕，但法官援用《消費者保護法》做的判決結果，震撼了全體醫界，令醫療同業人員心寒不已，沒有過失卻導致糾紛的，也不可能只有這一樁。例如被稱為「產婦災難」的羊水栓塞，也無法事前預防。

羊水栓塞是指生產過程中胎兒的細胞、羊水或皮屑等東西，從胎盤的血液循環進到母體血液循環裡，生產中或產後不久，短短時間內產婦可能呼吸困難最後心跳停止，死亡率很高，醫師只能立刻急救爭取時間，想辦法把人搶回來。

根據生產事故救濟報告統計，孕產婦死亡案件事故原因，以羊水栓塞為最大宗，其次為產後大出血、血管栓塞。

撇除這樣發生機率極低的嚴重症狀，還有其他產後大出血等各種問題，以現行醫療技術，就像這起肩難產案一樣，不可能百分百檢測出所有問題。懸壺濟世、博愛濟眾，是行醫的使命，我相信我們當醫師的，一定會發誓盡心救治。

但如果把病患當成「消費者」、醫師當成「服務生」，即使醫師沒有錯也要賠償，在這種醫病關係惡化、缺乏信任的情況下，醫師為了自保，反而會發展成防衛性醫療──風險高的治療或手術沒人願意做；就算是風險普通的手術，醫師也可能擔心日後有糾紛就猛力勸退，這樣一來，病患更難得到適合的醫療。

所幸，政府為了解決婦產科長期面臨工時長、壓力大、風險高再加上層出不窮的醫療糾紛等問題，衛福部一〇一年開辦「鼓勵醫療機構辦理生育事故爭議事件試辦計畫」，因成效顯著，《生產事故救濟條例》順利立法，於一〇五年六月正式實施。

所謂的《生產事故救濟條例》，是由國家承擔女性生產的風險，產婦、胎兒及新生兒若不幸於生產過程死亡或造成中度以上障礙者，由政府提供最高二百萬元救濟金。

生產事故救濟措施上路之後，原本民國九十九年婦產科一度僅招收到四十六人，招收率僅六〇%，到了民國一〇六年已經提昇至七十二人，滿招！創五年來招生新高，讓婦產科從過去鬧醫師荒，由黑翻紅，重回住院醫師名額搶手選項。

政府出手，改善整體婦產科環境，減少醫療訴訟，同時，衛福部也做醫師容額調整、改善健保給付、自費項目增加等，使得年輕醫師紛紛成為婦產科生力軍，真的很好，讓我看到婦產科重返往日榮景的一線曙光。

二〇一七年十二月廿九日立法院三讀通過《醫療法》第八十二條修正草案，提高醫事人員刑事訴訟門檻，相對於過去台灣規定醫師業務過失需負刑事責任，新修正版本則將「醫療行為的刑責」予以明確化，醫師執行業務致病人死傷者，限於故意或重大過失才須負刑責。

衛福部認為，這個修正案將能減少醫糾氾濫，解決過去醫生寧可採藥物等保守治療取代高風險手術，以及內外婦兒科人力空窗的問題。

不過，民間團體及學者卻怒斥這是醫師刑事除罪化。

台灣俗諺有一句「先生緣，主人福」，意思是患者與醫生，只要有緣，患者儘管病入膏肓，醫師也有機會妙手回春。

我認為，患者多一點信任和尊重，醫師不需執行防衛性醫療，醫病雙方放下攻防和耗損，醫師就更能把精力放在全心治癒病人身上。

我認為，醫師的天職是救命，沒有一位醫師願意自己「庸醫殺人」，在台灣醫療真正除罪化的那一天到來之前，我們還有好長一段路要走。

唯一讓太太擔心兩年的醫療糾紛

是醫療不當才會有糾紛嗎？那可不一定。

我行醫超過四十年，如果要說我有什麼最自豪的事，應該是「醫糾少」吧！次數不超過兩雙手、十根手指頭！

話雖如此，我印象中有一件醫療糾紛，打官司打到最高法院，最後法院判定我的處置沒問題，不起訴，可是前前後後也弄了兩、三年。

這也是唯一一件，讓我太太英美擔心害怕長達兩年多的醫療糾紛。

我還記得，當時那個產婦是子宮外孕，人送到我這裡的時候，血壓非常低，休克很久，病況相當危急，而且她沒有家人在場，是鄰居抬著送過來的，我一看馬上施行緊急手術，開刀後有把她救回來，後來這位太太轉到其他醫院住院治療，住了一個禮拜左右就往生了。

不多久，這位女病人的先生登門來訪，要求我們解釋，告知完我在當下所做的急救手術措施之後，病家無法接受，後來他一狀告到地方法院，要求屍體重新解剖並送到國泰醫院鑑定，最後出來的解剖結果沒問題，我並沒有疏失。

可是，這位病家卻不相信，他懷疑醫療體系都包庇自己人，他把報告繼續送台大、送三軍總醫院，地方法院判決他不服，他打算繼續告到高等法院。

原本之前我有跟病家提出過，雖然解剖報告證明我沒有疏失，但道義上我願意提供一些慰問金，但是遭到病家嚴詞拒絕，他堅持還要繼續上訴。

我和太太商量，既然解剖報告沒問題，病家還要繼續上訴，我們覺得很沒必要，我跟病家說：「假設最後結果沒問題的話，我道義上的慰問金也不會給了。」

沒想到，那個病家先生很生氣地回嗆：「如果到最高法院沒事的話，絕對不跟你拿一毛錢！」

就在我們兩方徹底撕破臉的時候，對方律師反而態度放軟，想要和解，但我不同意。我那時打定主意：「假使我有錯，民事、刑事我都願意負責。」

現在回想起來，還好我當時沒有答應和解，不然按照過去黑函滿天飛的情況，不利的流言蜚語更傷人，唯有堅持面對到底，讓其他醫界人士公正鑑定，還我一個清白，才是正確的選擇。

最後判決出爐，一樣不起訴，解剖鑑定的結果，也認為我沒有過失。法律上是沒事了，但我們擔心對方是否不服氣、不甘願，暗中再做什麼小動作？

於是我們回頭找病家先生，基於道義還是提供一點慰問金好了，結果怎麼找都找不到他的人影，這位先生還真的講義氣，說不拿錢就是不拿錢，法院判決後都沒有再出現過。

英美跟我說，她因為找不到人還擔心了兩年，直到確定真的沒事，心中那塊大石頭才放下。

像我這樣的事層出不窮，有些是家屬關心則亂，想要替病人爭取最好的，有些是被旁邊的人煽動，看看能不能多拿一點補償金，常常就指著醫療疏失告醫生，最後一層一層檢驗上去，鑑定到最後發現醫師能注意的、能做的處置全部都是當下最好的狀態，根本沒有疏失。

雖然說最後醫師獲得不起訴判決，可是打官司過程曠日費時，一、兩年這樣長期忍受壓力折磨，醫療工作也會受到影響，偏偏最容易出醫療糾紛的，也就是最需要救命的科別。

早期台灣醫界輝煌的時代，大家都搶著當婦產科醫師，都要是能力技術最好、成績前三名的學生才有辦法申請到，以前醫病關係也比較好，跟病患、家屬好好解釋溝通，大多能得到病家的理解和尊重。

可是現在不一樣了，近年要接生、動手術的醫師，都是高風險科系，婦產科尤其艱難。

根據衛福部民國一〇六年的統計，一〇二到一〇六年進入醫審會鑑定的醫療糾紛，數量雖然有微幅下降，但是每年約在四百件上下，等於平均每天都有醫師被告。

《生產事故救濟條例》還沒上路之前，婦產科被形容是錢少、事多、離監獄近，原本從業的醫師放棄的在所多有，新進的醫師沒人想幹，大家都怕醫療上本來就有的風險病人不諒解。

行醫幾十年，可能因為一場官司就毀於一旦。

台灣每年有多少件醫療糾紛？至今沒有精確數據，目前多以進入醫療訴訟案件約占所有醫療糾紛總數一到兩成回推，估計每年約有四千件醫療糾紛在各醫療院所發生。

醫療糾紛在所難免，四十年來我行醫謹慎，醫療糾紛寥寥可數，這也是我對自己的醫術有信心、很自豪之處，當然，我非常用心，花時間與病家進行溝通，可能也是病家信任我的原因。

醫療糾紛造成醫院、醫師、病家三輸，寧可術前多溝通十分鐘，勝過術後訴訟十年，說實在話，哪個醫師不想提供最好的醫療、治好病人，看到對方開心的笑容呢？

醫界不能說的風險

沒有全民健保的年代，醫師開業都是自費收現金，例如民國五〇到六〇年左右，那時候接生一胎，收費大約四千、五千塊不等，到我獨當一面，出來開業那時，正值台灣生育率高峰期，一年大約有超過三十萬名新生兒，那時接生一胎收費約一到兩萬元，我一天常接生六到七個寶寶，收入還算不差。

我們看診收費，收的都是現金，太太英美把餅乾盒當作是收銀機在裝錢，那個餅乾盒大概有A4印表紙的三分之二大，高約十五公分左右，英美把每天收到的現金都放在裡面，好像聚寶盆一樣。

直到現在，被我們全家視為「無價之寶」的餅乾盒，依舊安然躺在我們家，它身上的斑駁鏽痕，見證了四十多年來的蕭家歷史。

開業一陣子，蕭婦產科在板橋闖出名氣後，我們好像被黑道盯上，開始陸陸續續接到勒索電話。

打電話來恐嚇勒索的，可能是準備跑路的道上兄弟，也可能是瘋狂簽賭的亡命之徒，反正他們毫無顧忌，有膽找我們賭一把，萬一我們給的答案不合對方心意，搞不好會來個魚死網破。

歹徒勒索電話打來，電話那頭劈哩啪啦說「你婦產科醫生，在板橋南雅南路開業，賺很多錢……」勒索要錢的口氣很兇、很霸道，一開口就要十萬塊，同時還會撂行話，語帶威脅表示如果不聽話就要「請我吃肉粽（手榴彈）」，還真的有歹徒寄了幾顆子彈到我的診所示威。

一開始接到電話，真的是心驚膽跳，手足無措，「我們在明，對方在暗，如果對方一個生氣，真的丟手榴彈縱火的話，怎麼辦？」太太英美每次接到恐嚇電話，好幾天都食不下嚥，夜不得眠。

每次對方有什麼要求，我都先應下來，電話一掛，立馬報警處理。

警察也很好，一聽到報案，立刻派便衣刑警趕到我們醫院保護，小孩上下學本來就有司機接送，還沒抓到人的那幾天，我們都麻煩刑警一起坐上車保護。

我印象很深刻的一次，對方打電話勒索，一開口用台語講「台票十萬塊」！

歹徒勒索十萬塊，大概就是整疊千元鈔票，他叫我們藏好不准聲張，然後要求我們把錢準備好，坐幾點幾分的莒光號，經過樹林看到手電筒閃燈，就要把錢丟下去。

一掛完歹徒電話，我先報警，把錢準備好，但我醫院裡有病人走不開，也不可能放英美自己去，不得已我只好拜託司機先生，按照歹徒指令行事，只是，錢袋上面放真鈔，下面放警察幫我們換的假鈔。

歹徒原本說要在樹林丟錢袋，結果看不到原本講好的閃燈光，歹徒又改口換地點，一路一直改，最後要求丟在幼獅工業區。

直到司機先生出門執行這趟危險任務，我和英美突然驚覺，萬一司機先生出事情，我們必須養他家人一輩子，怎麼辦？

當時我們夫婦坐立難安，內心充滿愧疚，一直念佛，希望司機先生快點平安返回。當年沒有手機，要恐嚇勒索，一定得打公共電話，後來司機先生按照歹徒指令丟了錢，對方沒找到又打電話來關切，刑警交代我盡量拖延時間，能拖多久就拖多久，要讓電信局往回查訊號，看對方打的是哪支公共電話。

我記得那時我假裝鎮靜，跟對方討價還價好久，對方要十萬，我硬著頭皮求對方：「五萬可不可以、二萬好不好……」

講話過程我好擔心診所裡的病人聽到會害怕，以後不敢再來看病，所以我特別把電話線拉長，到診間最後面躲起來小聲講。

還有一次，歹徒要求我把錢丟在板橋國小前面第幾個垃圾桶，我還記得我們家三個孩子念小學那幾年，這樣的勒索電話，幾乎每年都發生。

勒索電話前前後後實在遇到太多次了，刑警每次都拿假鈔來換太辛苦，他就乾脆給我一些假鈔放在家裡備用，現在回想起來也很好笑。

還好，每次接完勒索電話，大概不到十天歹徒就落網，不然真的是如芒刺在背、寢食難安。

俗話說「人怕成名豬怕肥」，醫師開業，名氣不夠，很煩惱，負有盛名也免不了被敲詐的風險，真是不容易。

一次科展，大兒子單飛當小留學生

二○一八年七月六日，美國總統川普宣布，對中國價值三百四十億美元、八百一十八個類別的商品加徵二五%關稅，發動「經濟史上最大規模貿易戰」，這場牽動全球緊張神經的美中貿易戰，高潮迭起，就好像兩隻大象打架一樣，互不相讓。

美國率先點燃戰火，中國可沒在怕，美國要課中國稅，中國就拒買美國大豆、豬肉等農產品，美國封殺華為、中興通訊，美中從貿易戰變成科技戰，中國也不是省油的燈，聯手蘇俄、伊朗、北韓等盟友，暗中給美國難看……從美國總統川普掀起這場史無前例的中美貿易戰，兩岸甚至全球情勢詭譎多變，不知道何年何月雙方才會熄火？

這也不禁讓我想起好多年前，我那年僅十五歲的大兒子乃彰，獨自單飛去美國當小留學生的故事。

自從一九七一年中華民國被迫退出聯合國之後，台灣國際地位開始風雨飄搖，我還記得，民國六十七年十二月十六日深夜，美國總統卡特宣布自民國六十八年一月一日起，中美正式建交，當時消息一傳出，舉國上下震撼，雖然那時候處於戒嚴狀態，但許多愛國青年群起湧上台北街頭，向來台斷交的美國代表團砸雞蛋抗議。

那一段時間，到處都在傳「國際關係惡化」、「可能會打仗」等耳語，氣氛很緊張，當時醫師、律師、會計師這「三師」，很多都跑去移民了，媒體說這是三師移民潮，我的很多同學朋友都移民到美國去，我們也曾經考慮。

可是，我的事業不可能放下來，於是我讓太太英美帶三個小孩去美國洛杉磯，順便帶阿公一起去迪士尼、海洋世界玩一玩，也看看美國環境，當時我和英美兩人還開玩笑說，如果孩子們覺得喜歡，直接留下來念書，不要回台灣了。

當時大兒子乃彰已經小學五年級，我有先問他的意願，他那時候覺得在台灣念完大學再出國比較好，先在台灣把中文底子打好再說。

我們在美國沒有半個親戚朋友，英美覺得，雖然國際情勢很緊張，到處傳說會戰爭，但又沒有真正打起來，為什麼要妻離子散？

英美內心十分不捨家人分開兩地，最後他們一群人在美國玩一玩，還是回台灣了，三個小孩當小留學生的計畫也沒有實現。

沒想到又過了幾年，反倒是乃彰自己強力爭取出國留學，這次倒不是因為害怕戰爭，原因誰都沒想到，竟然是因為科學展覽比賽！

話說當年乃彰才國中二年級，他參加校內科展比賽，以「手上細菌知多少」這個生物科學研究主題，獲得全校第一名，當時，校內評審們對此爭執不下，畢竟通常科展比賽，得獎都選物理、化學這些主題，很少有生物科學獲勝的。

乃彰的作品一鳴驚人，我們全家也都非常開心，替他感到驕傲，學校指導老師建議乃彰繼續挑戰台北市科展比賽，但研究主題必須再加強，最好能夠再進階研究討論細菌才行，所以乃彰希望下一步挑戰培養細菌。

雖然我們診所有一間檢驗室，但並不適合做細菌培養研究，我跟英美特地帶他去臺北醫學院找教授幫忙指導，後來發現資料不足，再陪乃彰去榮總找專家繼續研究，最後，這個讓乃彰日以繼夜、不眠不休鑽研的科展作品，一路過關斬將，勇奪全台北市科展冠軍，下一步，就是要挑戰高手如雲的全國大賽。

當時全國科展大賽舉辦地點在台中，英美陪他去，回來後英美面有憂色，跟我說，可能沒什麼希望了。

英美轉述當天比賽狀況，她說，當時大會有位評審，不斷質問乃彰：「這些都是你做的嗎？」問了好多次，語帶懷疑，絲毫不尊重人，從頭到尾都沒注意聽乃彰的研究目的、培養細菌過程、結論和心得。

果不其然，最後成績發表，乃彰的作品只有得到「佳作」獎項，這對當時的乃彰來說，打擊不小。

乃彰跟我們說，他覺得台灣的研究環境、教育制度讓人太失望，於是他開始認真考慮出國，主動跟我們爭取他想去美國念書。

我記得當時民國七十三年左右，家裡妹妹弟弟一個十二歲、一個九歲，都還在國中、國小階段，仍是很需要照顧的年紀，英美沒辦法陪乃彰出國念書，我們兩個都捨不得讓大兒子獨自一人去美國當小留學生。

那時候，英美使盡手段，百般阻撓，好說歹說，希望他打消出國念書的念頭，等大學之後再說，英美甚至連「適應不良就得馬上回來」這些難聽的話都說出口了，但乃彰這孩子依舊不為所動。

我那時也想不通，怎麼一個十五歲的孩子，可以這樣執著、這樣無懼？

英美為了這件事，還專程找了師大心理系的教授跟乃彰談，結果還是沒效，從這點也可以看出乃彰這孩子很有決心，要做的事就是要做，誰都撼動不了。

既然兒子意志如此堅定，當父母的總是得支持他。我記得，乃彰要出國前夕，我的父親為了幫孫子餞行，還專程從南部北上。

我為何記得這麼清楚？

因為那時正好發生「六三水災」。民國七十三年台北市在六月三日凌晨二時到清晨之間，連續六小時降下二四八·五公釐的雨量，公館台大在六小時內更達到四百公釐的總降雨，其中有二個小時分別達一〇五和一四〇公釐的時雨量，打破氣象局觀測站八十七年的紀錄，成為台北市梅雨帶來的最大單日降雨紀錄。台北市當晚降下高達二一八公釐豪雨紀錄，創下氣象局有觀測紀錄以來的最大值。

六三水災最後造成全省四十七人死亡，大台北公館、木柵、景美、新店、中和、永和以及桃園淹大水損失慘重，損失高達二百億元以上，我還記得，乃彰出國那天是六月六日，梅雨嘩啦嘩啦下個沒完沒了，大水淹到樓下車子全泡湯，還不知道飛機能不能飛，英美和我心裡開始毛毛的，「感覺這個徵兆很不好，還要去嗎？」心裡頭老犯嘀咕，焦慮不安寫在臉上，揮之不去。

即使如此，乃彰還是勇敢單飛了，英美陪著大兒子飛到美國洛杉磯，東南西北到處挑學校，但不少學校說必須要考過托福五百分才能入學，可當時乃彰才國二月考考完，根本沒有考過托福，無法入學。

搞到後來，英美只好先找落腳之處，先租房子再說，慘的是，當時美國人不收現金，要有信用卡才能租房，最後乃彰只好先跟人家合租，才能繼續留在美國，等收到入學通知再說。

英美說，她那時為了阻撓乃彰當小留學生，還先帶他飛到舊金山她的老同學家借住幾個月，想說等到洛杉磯學校開學後，乃彰自己再搭機回學校就讀。

英美這個「軟釘子」一點都沒效，乃彰不但沒有知難而退，還獨自生活打理得好好的，讓我們當爸媽的不知該喜還是該憂。

想當年，我和英美沒跟家裡拿半毛錢，小夫妻帶著兩卡皮箱、一支電風扇，從潮州鄉下來台北打拚，但我們離家最遠，頂多只有三百多公里的距離。

反觀乃彰小小年紀，隻身負笈求學，一離家就是一萬公里之遙，他大無畏的勇氣和精神，我很佩服他，非常支持鼓勵他追逐理想。

乃彰在美國一路從國中、高中、大學醫學院到後來念博士，這十多年來，沒有爸媽陪在身邊，他不但沒有變壞，每一個求學階段乃彰的學業成績表現優異，社團生活精彩豐富，人緣又好。

乃彰高中畢業那年，我和英美飛到美國，參加他的畢業典禮，乃彰擔任畢業典禮致詞代表。

他一上台，一口流利的英文開頭就說：「我來自台灣……」身為他的父母，感到無比光榮和驕傲。

直到二〇〇〇年後，乃彰學成歸國，之後子承父業，成為現在蕭中正醫療體系的蕭乃彰「營運長」，這又是另一個故事了。

中正醫路

華夏 題

肆 醫院創立轉型時期

經過十多年的轉型和蛻變，成功打造「清福醫院」成為全台首間醫養結合的醫院。

福澤藥局盛大開幕。

台東救星教養院因尼伯特颱風毀損，蕭中正醫療體系透過台北福星扶輪社，將醫療車隊中的車輛捐贈該院。

蕭中正醫院的七十二變

百年企業要傳承，一定要與時俱進，我的醫院也是。

最初，它是我實現理想、自立自強的小診所，我從大醫院裡一名默默無聞的醫師，躋身獨立開業醫師的行列，從此我的名字也寫在了招牌上，民國六十五年正式開始了我的事業——蕭婦產科診所。

當年剛開業時，整間診所只有幾個人，我自己是醫師負責看診開刀、英美管理帳務和關心病人，再另外請了一名護士幫忙，從這樣一間小診所開始奠定名聲，醫術紮實病人自然口耳相傳，即使一開始租在小巷子裡，我們也漸漸被大家記住了。

民國六〇到七〇年代，台灣出生率很高，每年新生兒約有卅八萬到四十二萬之間，我的婦產科診所，坐落於全台人口紅利名列前茅的台北縣板橋市中心，長年以來，我秉持視病猶親的初心，醫病關係良好，病患口耳相傳，在地人對我有極高的信賴感，「蕭婦產科診所」在板橋地區名聞遐邇。

為了提供病人更好的醫療環境，我們慢慢擴充硬體設施，把三間房子打通，民國七〇年全新醫院落成，有四層樓還有地下室，總共一千二百多坪，也增添不少設備包括X光檢驗室、超音波室等，提供病患更完善的服務。

民國七十六年，依據醫療法正式成立「蕭婦產科醫院」，我做夢也沒想到，我一路白手起家，從婦產科小診所，升格為地區型的婦產科專科醫院，這對我來說，是前進了一大步！

升格為地區醫院，對我的執業生涯來說，是一大喜事，但隨著民國八十四年健保制度上路，在健保給付的大框架之下，地區醫院的生存空間備受擠壓，這二十年來，地區醫院在台灣四級醫療院所之中最弱勢，也是倒閉、萎縮最快的一塊，我還能苦撐到現在，我自己都佩服我自己。

到底國內的醫療分級，是怎麼分的？

台灣把醫療院所分成「診所」、「地區醫院」、「區域醫院」與「醫學中心」這四個等級。

醫療層級愈往上，規模愈大，相關的醫療設備與醫事人員也愈多，愈專精。

如果登記成診所，床位可以在十個以下，甚至不需要床位，由於健保關係，有不少撐不下去的地區醫院，被降格為診所，因此全台診所數目近幾年來有增加趨勢，目前大概有一萬多家診所。

但若想要從基層診所進一步升級，規格和條件可就大不同了，至少要二十個病床床位，才能被認定成「地區醫院」，要二十床不只是床位的事情而已，還要每十床一個醫師、每四床一位護理人員，還有其他藥事人員、設備、空間等限制，目前地區醫院全台灣約有三百多家，是全台醫療院所家數，縮減最快的一群。

比地區醫院等級再高一級的，叫做「區域醫院」，按照法規要二百五十床以上才行，比如秀傳、敏盛醫院等，全台將近八十二家。

至於國內最高等級的「醫學中心」，至少要高達五百床以上才有資格。像大家耳熟能詳的台大、榮總、三總、長庚、北醫、中國醫藥大學、亞東等大醫院皆屬之，目前全台約有二十五家。

說起來，我有很多同學、同僚，這幾年都沒病人可看，紛紛告老退休去了，一來主要是台灣出生率愈來愈低，已經是全球排名倒數第二，再者，健保上路，每年要應付醫院評鑑、費用核刪等，這些那些太複雜，既然撐不下去，乾脆收掉，無事一身輕。

很多人問我，為何不跟著我的同輩們高唱「退休樂」？

答案很簡單，我這輩子只會做一件事——行醫濟世，這是我最大的樂趣，也是我一生最大的價值所在。

再來說說，我為何能夠在大醫院船堅炮利、健保制度腹背受敵之下，還能撐下來。

之前提過，台灣四級醫療院所當中，地區醫院面臨巨大壓力，健保開辦迄今，因為給付制度不公平，大、小醫院一樣看感冒，但大醫院獲得給付比小醫院多五百元，由於民眾愛往大醫院跑，因此，地區醫院從五百多家剩下三百多家，消失了二百多家，二十年來，有三成五左右的小醫院關門，或是縮小為診所。

不只如此，近幾年，各縣市首長紛紛把醫學中心列為施政主要方針，醫院一家一家開，愈開愈大，造成台灣醫療現況已經是醫學中心「大者恆大」，中間四百多家中小型醫院漸漸萎縮，醫療呈現M型化發展。

為了推動「小病看小診所、大病看大醫院」的分級醫療轉診制度，衛福部二〇一八年七月起，要求區域級以上醫院每年門診減量二%、五年減量一〇%，超過不予給付，這個新制度一推出，有人唱好，有人看壞。

唱好的人認為，如此一來可以導正民眾「小病看小診所、大病看大醫院」的習慣，醫學中心可以把力氣放在急重症醫療上，此外，地區醫院可望敗部復活，近期確實有些區域醫院想要降級，規避五年減量一〇%的規定。

不過，看壞的人認為，大醫院門診減量看似理想，但病人願不願意被下轉到其他區域或地區醫院？又是另外一回事，這也是近期發生大醫院急診擠爆、民怨沸騰的原因。

歸根究底，健保制度應該回歸到「同病同酬」，並落實分級醫療，推廣家庭醫師等制度，避免民眾小病跑大醫院，導致大醫院塞塞塞，小醫院卻等無人。

姑且不論健保制度該如何改，怎麼改都有人不滿意。對我來說，我最在乎的是三件事，如何把病人照顧好，如何讓院內醫護同仁開心工作，如何讓醫院長治久安，這三點環環相扣，缺一不可。

既然如此，蕭中正醫院不能倒，帶領醫院成功轉型，是我首要之責。

一家四十年老店想轉型並不容易，有一度我曾經考慮過轉型做生殖醫學，也就是治療不孕的方向，後來因緣際會沒往那邊走。

二〇〇三年（民國九十二年）之後，大兒子蕭乃彰回來接任營運長，開始引進呼吸照護、洗腎等慢性醫療長期照護，二〇〇四年更名為「蕭中正醫院」並創建呼吸照護病房，我們也在新北市三峽，打造台灣第一個醫養結合的醫院——清福醫院。

另外開了新福星診所服務洗腎病人，甚至成立自己的車隊以及祝三實業股份有限公司，專門接送病人來院就診，蕭中正醫院從地區型婦產科專科醫院，成功轉型成為區域型蕭中正醫療體系，我的頭銜，也從「院長」升格為「總裁」。

因應時代變遷和政府政策，我們跟亞東醫院的關係，很像最近很流行的魚菜共生，病人跑到亞東醫院去看慢性病、診療，然後亞東醫院轉診到我們醫院來慢性呼吸照護，假設有什麼突發狀況需要大醫院的資源，我們再轉診回去亞東醫院，雙方都可以專心做適合自己院所的事情，不管是對亞東醫院、對我們還是對病人都能一起共好，創造三贏。

說來唏噓，四十年過去，我很多同學的診所逐漸凋零，我算是少數仍堅持在醫療崗位上的熱血老兵。

時至今日，蕭中正醫療體系已經從最初的小診所，搖身一變，成為數百人醫療專業大團隊，我們與時俱進、求新求變，唯一不變的，是視病猶親那顆心。

全民健保的衝擊

我國的全民健保享譽國際，連CNN都有專題報導，向全球誇讚「台灣有世界上最好的健保制度」，連世界醫療一流國家美國、日本都比不上。

凡事有利就有弊，全民健保帶給民眾就醫極大的便利，卻也增加政府醫療財政負擔，影響醫院、病患的資源分配，包括醫護人員過勞問題嚴重、病人看病求診好像逛菜市場一樣，造成重複診斷、藥品過期丟棄浪費等後遺症。

在健保還沒上路前，病人看病都是自費，我們醫病關係很好也很單純，一般人生病了去看醫生，就挑自己相信的、喜歡的醫師，醫師好壞，病人看完診自然會口耳相傳，跟親朋好友稍微打聽打聽，都問的到，並不需要像現在坊間醫美診所那樣宣傳打廣告。

醫師可以專心看病，一天要看多少病人，自己開業就自己決定，要不要半夜起床開刀、接急診狀況，也是自己決定。

醫師所有心力都可以全部放在病人身上，只考慮怎樣對病人好就好，病人也感覺得到這份用心，看我們大半夜沒睡覺，忙著接生、開刀，一心一意想讓病人遠離苦痛，恢復健康，病人大部分懷抱感恩的心，相信眼前這位醫師是良醫，會把病治好，那時醫病關係好，醫療糾紛也少，我常常收到很多病人送給我的感謝匾額或字畫，看了好有成就感。

可是健保上路之後，全台醫界生態也隨之丕變，而我們這些地區醫院，受到莫大衝擊，經營困境日漸浮現。

第一個改變，原本向病人收現金，改成跟健保局請款。

以前，自費看病，病人都是給我現金，現在改成我們要填寫表格，向健保局請款，就好像上班的人出差時，先自己墊錢，之後再拿單據向公司請款，健保上路之後也是這個概念。

很多人以為請款很簡單，但實際做起來並沒有那麼容易。比如說填表格，按照健保規定，儀器消毒要填表格，環境消毒也要填表格，對我這樣在臨床身經百戰的老醫師來說，填表格、做行政院務這件事，比開刀還要難。

我是婦產科醫師，平常最常使用的設備有手術刀、被單等，以前我的病患一個接一個來，常常接生完這個，馬上就要準備下一個動刀，光是被單消毒這項工作，只能請護理師快快消毒，因為下一台刀的病人馬上就要使用了。

健保上路前，為了病人健康，類似的被單、手術刀消毒工作，本來就在做，健保上路後，為了申請健保費，我們必須花很多時間填寫許多表格，當時我們醫院並沒有專門做醫療管理的行政人員，為了要應付這些行政庶務，連護理師也大嘆難為。

第二個改變，向健保局請款，不是「有請就有錢」，而是要「被核刪」。

醫師幫病人看完病，做完診療，院方得填一大堆請款項目，每一個療程的請款點數不同，通常一點就是一元，健保局會審核一大堆項目，這些項目並非全數都ＯＫ，健保局擁有最大的核刪權，通常醫療院所只能默默接受，幾乎不太有申訴或抗辯權。

現行的健保制度，不像以前由醫生專業判斷病人需要這項醫療檢查、吃這個藥、開什麼刀、做什麼治療，就可以了，目前的遊戲規則，比較像「你先做，我再來審核」，所以，常常是醫師把病人醫好後，把自己進行處置過的這些那些醫療行為，回報給健保局，如果健保局覺得某些不必要，就會把這幾項「核刪」掉。

現在蕭中正醫療體系有做呼吸照護，舉例來說，我們醫生在一月看診完，進行「病房護理照護」、「呼吸器使用」、「醫師診察」三個項目後回報給健保局，假設這三項給付是十萬點，二月健保局會先核定六到七成點值，也就是暫時決定給我們六到七萬點，剩下三至四成等下個月再視狀況核付，有可能被刪，也有可能拿到；到了三月，上個月剩下的三到四成點值，健保局可能平均再打個八折左右；一整季結束後，實際核定給醫院的點數，換算成金額，醫院最後實際收到大約八到九萬元，目前健保制度大致就是這樣運作。

在健保制度下，雖然短期內一般人看病便宜很多，可是醫院為了這個制度入不敷出，就必須到處想辦法增加自費項目，才能勉強打平。

不只健保的核刪規則，學問很大，就連醫院評鑑，對當時的我和蕭中正醫院來說，也是一大挑戰。

根據醫院評鑑規定，若說要維持「地區醫院」的資格，就要有多少病床、多少醫生跟護理師，然後要做多少資料給評鑑委員檢查，如果沒有達到標準，就只能降格為診所。

蕭中正醫院是我一生心血，我也是正正當當開業的醫師，怎麼可能因為政策改了就降格為診所？

所以填寫資料、行政作業再複雜，我也是得咬牙撐下去，在評鑑開始前的一、兩個月，就開始準備，我記得有一次，評鑑委員跟我說：「蕭院長，你何必撐得那麼辛苦？」可能他言者無意，但我聽了心裡很不是滋味，內心有百般的無奈。

外人不能體會蕭中正醫院對我的意義，那就罷了，幸好，當年我有堅持下去，我這個「總裁」，才能一步步走到今天這個位置。

地區醫院求生存，不如考證照吧！

在我那個年代醫術精湛的醫師，現在竟然「沒有病人可以看」？這……像話嗎？

民國六十幾、七十年左右，那時我每天迎接好幾個新生命，早也看、晚也看，半夜凌晨還在開刀房，一天睡不到幾小時，別說要我帶妻小出國玩了，就連去陽明山、碧潭短短一日遊，對我來說都很奢求。

由此可知當年婦產科的榮景和盛況，想當年我們念醫學院要選科時，功課最好的學生，第一志願一定先選婦產科，誰能料到幾十年後醫界竟然風雲變色。

民國八十四年全民健保上路，儘管我的醫院靠口碑，堅持了好幾年，三年後，我還是得面對現實，加入健保行列。

全民健保施行後，民眾習慣只要付一點費用，就能得到教學醫院的醫療品質，病患理所當然一窩蜂往「醫學中心」等級的醫院去掛號，至於那些原本需要自費的醫療院所，逐漸開始凋零，撐不下去就直接關門大吉。

站在病人角度思考，醫學中心等大醫院名聲響亮，健保給付也不貴，要看病，當然往大醫院跑。

也有一些病人嫌大醫院太遠不方便，想說看個婦科而已，乾脆就在家裡附近的診所看看就好，相較之下，像我這樣需要自費、中型的婦產科專科醫院，最後淪為被「上下夾殺」的命運，經營窘境漸生。

不只如此，隨著全台生育率逐年下滑，上門求診病患愈來愈少，常常醫院開著一整天，醫師、護理師都在等著病人上門，可偏偏來的病人，兩隻手就數完了，門診叫號個位數就停了。

但我為了維持地區醫院的資格，要聘很多人手，當時完全一開門就是燒錢，咬牙硬撐。那時候，我們幾個同業聊天互相詢問近況，都是一樣苦哈哈，我還記得差不多民國九〇年左右，我的很多同期都歇業、退休去了。

當時醫院經營每況愈下，看不到未來，有一度想要把醫院收起來，把房子租人。那時心想，醫院占地一千二百多坪，地點又在板橋湳雅夜市附近，地點絕佳，如果租個麥當勞或補習班，每個月少說也有個百來萬元，也是一筆不錯的收入。

我的太太英美看得出我內心不捨，她跟我說：「你自己不做改成租人，你的名字就沒了。堂堂婦產科醫師學成四、五十年，毀之一旦太可惜！」

好吧！既然英美支持我，那我就繼續撐著吧！

健保開辦到現在，跟我同級的「地區醫院」倒閉數量逐年增加，二十年來倒閉超過八成，除了因為民眾愛跑大醫院，更重要的是「醫學中心」這些第一級醫療院所，他們採購藥品、器材的數量大，以量制價，採買價格能夠壓到最低，比我們這些中小型醫院有競爭力多得多了。怎麼說呢？

假設一顆藥進價是〇．一三元，健保補助〇．一四元，醫院只能賺到〇．〇一元的價差，但是藥進來就可能會有汙損或一些正常損耗，萬一有一顆藥汙損不能開給病人，就必須要再開十三顆藥才可能補回這個成本。

地區醫院的進藥量，不像醫學中心那麼多，所以沒辦法跟藥商談到更多的空間，也很難有彈性可以轉圜，藥是這樣，其他設備器材也是這樣。

再加上健保需要的文書作業、準備評鑑等，大醫院人手充足、有行政人員，甚至能聘醫療管理專業的人，我們這些地區醫院都入不敷出了，根本沒辦法再另外聘人手，所以我都親自挽起袖子自己來。

健保上路二十年來，在收入驟減、文書作業量大增等艱困情勢下，撐下來的中小型醫院，實在不多，否則也不會鬧得至少三成地區醫院、高達二百多家倒閉。

我想，既然醫院病人減少，與其坐困愁城，不如趁這個空閒時機，拿出我年輕時的學習拚勁，重新充實自我。

於是我到處搭公車去上課、實習，每天都考試一大堆，畢竟之前都念婦產科，現在既然有空，就來了解一下別科的專業。

那幾年，我陸陸續續考上好幾張證照，包括家庭醫學科、超音波、肥胖醫學、老年醫學、氣喘、感染管制、安寧照護、慢性阻塞性肺疾病之類的證照，甚至連勞工健檢證也如願考上，另外我還四處報名參加醫學研討會，把最新的手術或醫材知識，全都好好學起來。

那些年我參加醫學研討會，還會排行程，我拿著議程表一項一項看，喜歡的主題都先圈起來做筆記，然後規劃好順序，研討會中間就一場一場聽、樓上樓下跑來跑去，感覺好像重回學生時代，感覺好充實。

當時我怎麼也沒想到，考了這麼多張證照，在醫院轉型成為蕭中正醫療體系之後，居然派得上用場，正可謂「養兵千日用在一時」啊！

因為上了一堆課，考了滿手的證照，我還因此被英美稱讚很好學，這個年紀還能在老婆眼裡帥上一把，也是讓我很得意呢！

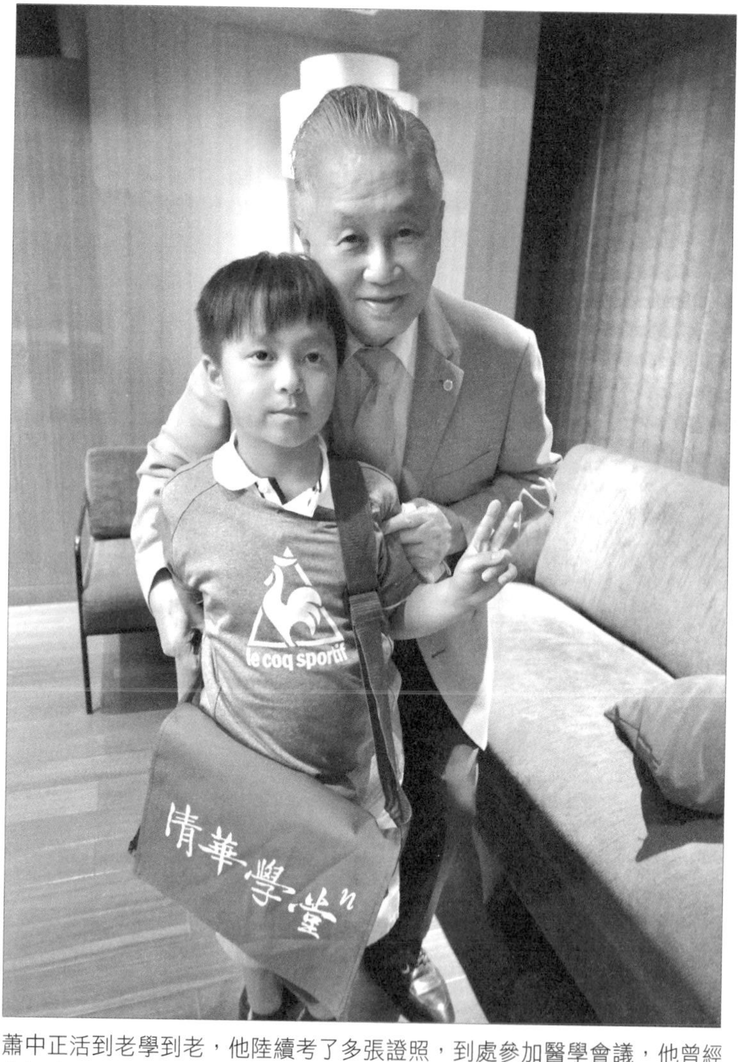

蕭中正活到老學到老，他陸續考了多張證照，到處參加醫學會議，他曾經參加清華學堂研習，是全班「最資深」的學生，也是孫兒們最好的榜樣。

營運長PK總裁

隨著健保上路，大環境艱難，病人開始大量減少，醫院門可羅雀，那時大概民國八〇年末期，我跟英美開始積極想要轉型，曾想過轉往不孕症等生殖醫學的方向發展，甚至考慮放手讓二代經營。

不過，做父母想歸想，孩子大了，有自己的人生，不一定願意回來接班。我們家三個孩子，老大乃彰國中就單飛去美國念書，也是婦產科醫師，不過那時他人還在美國，好像沒有意願回台灣。至於二女兒夙倩，從事臨床心理師，嫁給牙醫師，她從小個性比較文靜，不會願意經營醫院；小兒子彥彰走整型外科，常常發表期刊論文，蕭中正醫院是婦產科專科，跟彥彰所學專業風馬牛不相及，他應該不太可能回來接家業。

醫院轉型計畫，進行得並不順利，主要是生殖醫學專家不好找，我們想要挖角的專家，最後陰錯陽差沒有來，時間一天拖過一天。

正在我和英美一籌莫展、快要放棄，想說該不該把醫院二、三樓分租出去的時候，我的大兒子乃彰回來了。

他的回歸猶如一場及時雨，讓我和英美背負許久的重擔，瞬間減輕一大半。

大約民國八十九年左右，乃彰對蕭中正醫院未來如何轉型，很有想法，提了很多建議。

實際做法先放在一邊，光是年輕人想嘗試，我就覺得很不錯，反正醫院轉型，一直沒有一個方向，乃彰這個年輕人肯做，我覺得很好，就先讓乃彰試試看。

乃彰做的第一件事，就是調整醫院組織架構，成立營運中心，他把醫院格局拉高拉大，改成「蕭中正醫院」，乃彰擔任營運長，負責管理經營，在他的擘畫之下，醫院、診所、藥局、車隊等事業體，慢慢有了雛形，漸漸開枝散葉，直到三年前，乃彰正式把整個醫療事業體更名為「蕭中正醫療體系」，而我，也多了一個新頭銜叫「總裁」。

從院長到總裁，我個人覺得很新鮮，至於「副總裁」，就是太太英美。光是改造組織架構還不夠，乃彰重新定位醫院未來營運方向，這時候，我們兩代有了很大的歧見。

就像其他百年企業，遇到轉型危機，企業二代臨危授命，接手上陣，常常跟企業一代不合、有代溝，我們家也是一樣。

這一代醫生，一輩子所學所用，就是看診、上刀，把病人治好，跟病人建立良好醫病關係，用我的專業，把「行醫濟世」這個神聖使命，發揚光大。

堅持專業，做我最擅長的事，這樣的理念，讓我一路打拚出一間數百坪的專科醫院，打響蕭中正醫院這個金字招牌，我覺得這樣穩健保守經營的方法，一定有其可取之處。

不過，營運長的看法不同，乃彰是一個跟著時代潮流、勇於嘗試新事物的人，例如他很早就跟我提過「WebMD」，它是全世界最大醫療入口網站，主要就是醫護人員上課、修學分，都可以在網路直接上課，當時的我，還真是頭一遭聽說這玩意。

乃彰告訴我，WebMD是全美第一家提供醫療資訊諮商服務的平台，也是大眾一個醫療資訊分享及諮詢的管道，在二〇〇〇年全球網際網路蓬勃發展的時代，它是一項創舉，也引領全球風潮。

不只這個，乃彰跟我提過很多類似的點子，對我來說，每個點子都很新、很衛、很前衛，他的每一個計畫，要嘛得新增很多人員配置，不然就是得投資幾百、幾千萬很貴的醫療設備，每次聽了我都忍不住血壓飆高。

我們兩個，我比較保守，他比較前衛。

我們父子像電玩遊戲一樣，雙方壁壘分明，他攻，我守，營運長ＰＫ總裁，你來我往，每天上演不一樣的攻防。

我怕一次改變太大太急，傷害到原來醫院體質，他怕現在不抓住時機趕快改變，打好基礎，時間再拖下去，本來就難經營的醫院，處境會更艱困。

乃彰從小就很有主見，自己獨自飛往美國當小留學生都不怕，別人怎麼說都很難撼動，即使我是爸爸也一樣，我們兩個都有各自的堅持，都覺得自己是為醫院好，父子常常一言不合，直接大吵，哎……可能家人一起工作就是很難吧？

雖然我們父子的溝通過程十分激烈，英美時不時夾在中間，幫忙兩邊緩頰，最後，我們父子總算取得一致共識——蕭中正醫院不能再只做婦產科了，至少未來目標要放在長期慢性醫療。

確實，全球都面臨少子化的困境，二〇一八年，台灣六十五歲以上人口比率為一四．一％，正式進入高齡社會，二〇二六年更將邁入超高齡社會，每五人就有一人是老人，展望未來，台灣必定走向日本一樣的老人化社會，愈早規畫，愈能占得先機。

後來我也慢慢接受乃彰的意見，畢竟他是營運長，也是接班人，我得相信他，也必須尊重他，於是，蕭中正醫療體系開始轉往呼吸治療、洗腎等慢性長照醫療方向發展。

時間可以證明一切。

改變久了之後，我才慢慢發現，乃彰的建議，其實很宏觀，他的觀念很新，跟得上台灣現在的健保制度，以及國際趨勢，當年我覺得他太急、太求快了，但就結果來看，說不定這個「急」在這個時代剛剛好。

磨合出一個方向，事情就單純多了。

不像其他同期的開業醫師只有「診所」的小規模，之前我堅持升級到醫院，院址數百坪的使用空間，打下良好根基，我們院內該有的設備跟人員充足，也有空間放病床、新儀器，所以我們才能夠順利轉型，還好在最艱難的時刻，我跟英美堅持了下來。

接著，就是營運長大展身手的時候了！

全台首家「醫養結合」醫療團隊

轉型轉型，說起來容易，真正著手去做，困難不少。經營醫院這麼大的事業體很不容易，尤其要遵守醫療法規、配合健保和相關政策，要盡善盡美，需要很用心；好在我跟營運長激烈溝通之餘，最後我們達成共識，默契有了，做起事來也就順了。

目前蕭中正醫療體系旗下共設有蕭中正醫院、清福醫院、新福星診所，清福復健診所、蕭中正醫院附設居家護理所、清福醫院附設居家護理所、福澤連鎖藥局、祝三實業、祝三（香港）公司等，就像蜂巢組織一樣，圍繞著「醫」、「養」這個中心主軸，積極擴展，建立長照整合醫療生態系。

除了積極成立醫院、診所、藥局、物理治療所、居家護理所等醫療機構外，我們還寫下台灣單一醫療體系提供最多護理之家與長照機構服務的紀錄，彼此的合作關係密切。

特別值得一提的是，我們打造了新北市三峽區的清福醫院，它是全台灣第一間「醫養結合」醫院，成功經驗獲得各界不小的關注。

醫養結合就是「醫療」、「養老」密切合作，病患有狀況，先到大醫院看診，醫院診療好就進入長期照護，比如呼吸治療、復健或洗腎，在醫療跟養老的資源上兩種都很重要。

我們開了專門洗腎的新福星診所，還有接送病人到醫院的車隊——祝三實業，也設立了福澤連鎖藥局。這麼多機構都以病人為中心，希望提供最好的照護。

值得一提的是，這幾個名字可不是亂取的，是有淵源的。

「福星」來自英美的扶輪社，「祝三」是我父親以前在潮州布行的名字，至於「福澤」則是丈人的水電行名字。虧得乃彰這孩子這麼有心，這些招牌名字很有紀念價值和意義，我和英美都很滿意。

很多人問我，現在民眾看病，都喜歡往醫學中心等級的大醫院跑，像我們蕭中正醫院，跟教學醫院亞東醫院在同一條路上，兩家距離近到開車只要五分鐘、搭捷運只差一站，那我們要如何維持下去？

這個問題我們也想過。確實，直接競爭絕對不行，我們才剛剛投入呼吸照護跟洗腎，就算我們醫院的照護品質再好再厲害，也很難說服病人不要去亞東，直接來我們家。

既然硬碰硬打不過，那我們就當亞東醫院的戰略夥伴吧！

台灣醫療院所畫分為四個等級，亞東醫院屬於第一級的大型醫學中心，大家都往那邊湧去，病床很難排。重症病患先做完緊急初步醫療，接下來若需要長期照護，不需要在亞東醫院大排長龍等掛號、苦苦等病床，亞東醫院開轉診單，轉院過來，交由我們蕭中正醫院負責照顧。

亞東醫院是一級醫學中心，有研發能量，可以對付複雜、棘手的病症，如果我們長照病人臨時出現大的狀況、需要手術或一些比較罕見的藥物，我們可以轉診病人回亞東醫院，一來一往讓彼此都能專注在自己最擅長的角色。

我怎麼敢說蕭中正醫療體系擅長「長期照顧」這一塊呢？因為營運長多年前的遠見，我們很早就布局，且持續整合上中下游一整個長照醫療生態系！

除了自組車隊外，我們還跟一百五十間長照護理之家合作，加一加總床位約有四千床，我敢說，台灣大概沒幾家地區醫院像我們有這樣規模的。

我們的長照醫療服務，特別站在病患和家屬角度來思考。

舉例來說，目前法規規定，不同層級的呼吸照護機構只能一定的天數，時間到了就要換機構，醫院會主動要求病人出院，比如「加護病房」規定病人只能待廿一天，就要往下轉診到「呼吸照護中心」，呼吸照護中心規定只能待四十二天，病人就要再轉診。

可是我們都知道，家屬照顧病人，光一天兩天就已經很累、很不容易，在身心俱疲的情況下，家屬哪還有心力去研究幾天後病人要轉診，甚至是要轉到什麼層級的機構去。

於是，我們幫家屬解決這個困擾，從上到下整合整個長照生態系，當時間到了必須轉診，病患與家屬不用苦苦打聽、舟車勞頓，在我們醫院辦好手續，由我們來處理後續所有事宜。不僅如此，我們還幫家屬規劃一套縝密的「脫離呼吸器計畫」，把握黃金治療期，讓病患的脫離率高達三〇％！

這個數字很驚人，連亞東醫院都很驚訝我們竟然做得到。

病人在亞東醫院緊急治療，之後轉診到蕭中正醫院，進行長期呼吸照護，由蕭中正醫院照顧的病人，脫離率很高，病人能夠恢復到不用戴呼吸器，可以回家或回到護理之家去，對病人、亞東醫院和我們來說，可謂之「三贏」。

營運長想的還不只這些，他想得更全面、更多元。

乃彰利用我們比較小規模醫院的優勢，去做社區巡診。每當我們聘請新醫師時，會先跟醫師溝通好，之後他們要走出醫院，走進社區，好讓不方便常常跑醫院的老人家，能夠得到更多照顧。

至於我們為何要自組車隊？同樣也是站在病患和家屬的立場來考量。大家都聽過復康巴士，只是復康巴士很難訂到，但我們院內有自己的車隊，能夠直接服務需要的病人。

現在院內有高達七成的洗腎病人是坐車來的，復健病人選擇坐車也高達五成，這些如果沒有交通服務，病人是很難自己過來的。

總歸一句話，我們蕭中正醫療體系的營運方式，緊緊圍繞著病人的需求，設身處地幫病患和家屬解決問題，如果病人在自家看護，我們派醫師上門去看診；如果病人需要親自來院或其他長照機構，我們派車接送。

多元化跨業經營的核心，其實很單純，就是「視病猶親」的貼心服務。

蕭中正醫療體系的逆轉勝

經過十多年的轉型和蛻變，蕭中正醫療體系持續成長茁壯，旗下包括醫院、診所、物理治療所、居家護理所、連鎖藥局、交通運輸車隊以及醫藥實業公司，除了成功打造「清福醫院」成為全台首間醫養結合的醫院，在長照方面更擁有全台最豐富的跨界整合醫療及養護的實務經驗。

這段逆轉勝的奮鬥過程，可說是一本「台灣基層醫院完全生存手冊」，我們所做的一切一切，其實是為了求生存，不得不另闢一條新路，靠著一步一腳印打拚出來的。

我相信，我們的轉型故事，可以讓全國其他基層醫療院所同業們，當作借鏡和參考。

雖然轉型過程中，乃彰跟我有不少意見相左之處，不過我們的願景是「落實社區醫療和地區教學醫院的目標」，我們的宗旨是提供病人身體、心理、精神全方位的醫療照護。

為達成下一個十年的願景，乃彰的主要策略有三個：

壹 培育人才

醫療跟人息息相關，醫療業最重要的資源，就是人才，所以乃彰跟許多大專院校合作，替護理人員開設許多專業技術升等、更新執照等必修課程，讓人才在我們這裡得到好的滋養和培育，將來成為本集團的棟樑。

貳 專注定位

我們很清楚自己的價值和定位，所以我們很專心，針對全台灣最弱勢、最不容易照顧的族群，也就是呼吸治療、洗腎等亞急性、慢性需要長期照護的病人，為了讓這些弱勢族群方便就醫，我們成立車隊，派專車接送，協助他們，同時我們也要求醫師跨出醫院，派醫師定期到社區巡診，貫徹助人的志業。

叁 跨界合作

「Aim High！」這句話乃彰常掛在嘴上，他認為，做事應該精益求精，我們不能只侷限在台灣，我們要走出去，也要多多引進國外成功經驗，甚至我們有做得好的地方，也可以領著醫院與其他單位進行各種合作計畫，透過彼此互動和學習，能夠碰撞出更多共好的火花。

舉例來說，我們成功打造了台灣第一家醫養結合的清福醫院，乃彰的想法是，只要做好水平跟垂直整合，對病患更有利。例如跨科別的會診，同時需要洗腎跟使用呼吸器的病患，就不需要特別再推到洗腎中心，只要直接待在原病房，接受醫療處置即可。

雖然這樣對病人很好，可是要跨科別，有太多眉眉角角要解決，實行起來很困難。在他要做「跨科別會診」這件事之前，不只我擔心，大部分醫師、護理師或有醫療背景的人都跟他搖頭，因為急性醫療跟長期照護需要的設備、器材不一樣，對人才的需求也不一樣，跨科別牽涉的單位、人力、物力等等，實在太多了，我認為真要做的話，通常要到醫學中心那種超大的醫院，才比較有資源。

就拿整合呼吸照護的事情來說吧，我們蕭中正醫院當時只不過是地區型的規模，所以當他想拓展「呼吸照護中心」的時候，有同仁直接回他：「地區醫院不可能做的啦！」

乃彰第一直覺反應：「為什麼不可能？」然後他就開始翻查法規，研究各項規定，結果發現，法律沒有規定不行，只是必須要配合有四十張加護病床才可以。可是，我們哪來的四十張加護病床啊？除了空間不夠之外，每個病床還要個別有對應的醫師跟護理人員，不是說有床就可以。

後來乃彰跑去找亞東醫院，跟院方談我們希望整合呼吸照護的理想，後來亞東也願意嘗試，就這樣雙方藉著合作的方式，跟政府申請成功，也成功打造出跨院際結合的最佳模範。

其他像是車隊、藥局這些設施，也是他一步一腳印帶領團隊，打出一片天，營造出現有的市場和局面。乃彰說，他要增加「不可被取代性」，提供以人為本的最佳服務，讓其他機構配合蕭中正醫療體系。

營運長的企圖心不只地區醫院，而是更宏觀地將自己當成區域醫院去做。因應ＡＩ時代來臨，「智慧長照醫療」絕對是未來潮流趨勢，也是帶領台灣邁向國際舞台的新戰場，乃彰早已擘畫出更多新藍圖，且逐步實現中——就像蘋果創辦人賈伯斯（Steve Jobs）一樣。

這位被封為「科技之神」的賈伯斯，並沒有發明過任何東西，但他最厲害的是把各種不同東西的優點整合起來做出像 iPhone 這樣的產品。

營運長乃彰也是，他扮演了資源整合者的關鍵角色。

乃彰向來帶人帶心，我們的醫療團隊成員們，各有所長、各司其職，我們眾志成城，提供最優質的醫療服務，把「視病猶親」的核心理念發揚光大，一起為台灣民眾的健康把關。

一一克服困難的過程，有甘有苦，我們的腳步將會繼續走下去，展望未來的下個十年、二十年，我們也期盼任何在大環境中努力求生、同樣為病人細心著想的醫療夥伴，一起攜手前進。

中正醫路

華夏題

伍 家人支持成就了我

「我將要致力於自身的健康、福祉和能力，以提供最高標準的照護。」

——希波克拉底誓言

2019 年員工春酒大會當天，蕭中正總裁在台上感恩夫人藍英美女士（右一）。

蕭中正總裁 80 大壽。

八十大壽這天的震撼

民國一〇七年三月十三日這天，我滿八十歲，這天，英美送給我一個「沉重」禮物——她要去動大刀。

八十大壽這樣重要的日子，有人大辦生日喜宴，慶祝個三天三夜，有人結伴親友出國壯遊，當然也有人選擇平靜淡然度過，而我，再怎樣都沒料到，我的八十大壽禮物，竟然是我的「牽手」英美，要開脊椎大手術。

也許是這些年來她太過操勞，也許是人體老化必然過程，英美的第三節胸椎壓迫到她的脊椎神經，明明沒壓迫前都還健步如飛，民國一〇六年的十二月，一切都還好好的，哪知道突然有一天英美痛到不能自已，才短短兩個星期她就完全不能走路了！

事情突如其來，我深諳醫理，對英美的身體狀況心裡多少有個譜，可是短短沒幾天，英美竟然痛到走不動，我嘴巴雖然沒說，但心裡真的好擔心，看她這樣痛苦，我好心疼。

英美的個性，我了解。

她是一個很會安排生活的人，雖然擔任蕭中正醫療集團的副總裁，但工作以外的英美，社交生活相當活躍，排滿了合唱團、書法社、扶輪社等大大小小活動，生命多采多姿，每次社團活動結束，她總是雀躍不已，急著跟我分享當天發生的點點滴滴。

可是身體一病、一開刀手術，這些她最心愛的活動都得放棄，整天躺在床上想必很難受，更何況，脊椎開刀對病人本來就很辛苦，想想英美七十多歲了還要承受這些痛苦，開刀完臥床，腳趾頭動一下都沒辦法，對她一定很折磨。

她曾經語帶悽苦，神色黯然地說：「從動彈不得的那天後，我的人生也從彩色變黑白，深陷痛苦、無望、困頓的深淵裡。」

我聽了很無奈也很不捨，卻也沒辦法生出什麼萬靈藥或更好的辦法幫她，我所能做的就是陪伴！

如果把我們家看成是一個圓，英美就是我們家的「圓心」，也就是我們家的中心點。過去，我忙著幫病患接生、開刀，家裏都是靠英美一人獨自照顧三個兒女，我陪伴孩子的時間，算一算，一天可能不到一小時，因此，孩子們都跟媽媽比較親，媽媽的話才是聖旨。

脊椎手術不是開玩笑的，說大不大，說小不小，彥彰找了最棒的醫師主刀，讓我們安心，但任何手術都有風險，畢竟英美年紀也不小，不知道體力能不能負荷得了？

英美難得動大刀，我一定得陪在身邊，媽媽開刀，何等大事，兒子、女兒、媳婦、女婿、孫子當然都隨侍在側。

英美剛手術完住在林口長庚醫院那陣子，我們全家老少還排輪值表，每天都有人按照時段，到醫院輪流陪伴、守夜，現在回想起那段看護英美的日子，大夥兒比上班還要準時！

兒女們排班表陪媽媽，我也會到，但他們怕我太累，總是說太晚了，要趕我回家休息，可是我實在放不下心，總是堅持待在英美旁邊，但我常常累到打瞌睡，半小時醒一下、一小時醒一下，半睡半醒，就是賴著不走。

對於脊椎受傷、神經受損的傷患來說，接受完大手術，漫長的復健過程，才是最辛苦的。幸好，英美向來是一個毅力過人、堅強無比的人，她每天意志堅定持續做復健，儘管過程再辛苦再艱難，她也從不請假，直到現在持續了兩年多，依然不輕言放棄。

我們醫院有復健科，我們安排英美物理復健，進行體外震波治療，何謂震波治療？我用簡單一句話解釋——把患部震一震，讓它再次微微受損、發炎，刺激大腦重新啟動修復機制。

聽起來好像沒什麼，但曾有肌腱鈣化、梨狀肌症候群這類運動傷害的運動員，或是足底筋膜炎、網球肘、阿基里斯腱炎這類病患都知道，震波治療痛到簡直要人命！

我在醫院老聽到診間病患呼天喊地、又哭又叫喊痛。當然，英美也不例外，每次英美治療完後，都哭喊到破嗓、「燒聲」，這種錐心刺骨的痛，沒打過震波治療的人絕對不會懂。

英美為了能夠擺脫輪椅，重新站起來，每天復健至少一小時以上，她非常用心，全力配合，連復健師都勸她「如果真的很痛就先緩一緩、不用急」，不過，英美還是堅持該做的都一定要做完！

慢慢地，英美從原本無法下床，持續復健到能短暫站立，再進一步恢復到可以靠拐杖走路，這段漫長艱辛的復健之路，我深深感覺到她的努力會戰勝一切。

英美在民國一〇八年年初，蕭中正醫療體系新春春酒盛宴上，感性地對所有人說：「感謝家人的陪伴、付出，讓她可以堅持復健下去。」她娓娓道出自己從生病、手術到復健的整個心路歷程，第一次聽到副總裁如此公開感性剖白，全院上下數百人都為之動容，那次春酒令我畢生難忘。

說實在話，英美就像是我們家的燈塔，幾十年付出、領航我們生活的方向，現在她生病需要支持，身為她的枕邊人，還有兒女子孫們，當然都站出來給她溫暖的懷抱。

話說英美身體不適這一年多以來，有苦也有樂，兒女們的用心陪伴，讓英美和我大大享受天倫之樂，包括台北一〇一、微風南山廣場、故宮書畫展、基隆漁港吃海鮮等，到處都有我們的足跡。說起來，我還是沾了英美的光，才能到處趴趴走，這段陪伴的日子，我很幸福，更開心看到英美臉上重新綻放笑容。

我一生摯愛的英美，送給我這樣沉重的厚禮，我既心疼又感激。現在，我只想與她繼續攜手走下去。

大兒子乃彰接衣缽

人生，真的很奇妙，要不是乃彰當年堅持單飛到美國當小留學生，最後學成歸國，經過各方的磨練，練就一身醫療管理長才，佐以他的高瞻遠矚、宏觀格局，回台灣繼承衣缽，我的人生，可能就僅止於蕭中正醫院的「院長」而已，不太可能跟「總裁」劃上等號，也不可能承擔數百個家庭這樣重大的企業社會責任，或是照顧廣大需要長期照護的慢性病人。

乃彰這孩子，從小就很有追根究底、實事求是的科學精神，從他小小年紀堅持做科展、找答案，就可以看出端倪；而他奮戰不懈、不輕言放棄的性格，多年來深受美國紮實完整教育訓練的薰陶，更加凸顯其優勢。

他在美國一路念到醫學博士，當時在波士頓發展得也很不錯，他一開始在美國擔任婦產科醫師，打下臨床醫學經驗的基礎，同時還加入美國醫療網站WebMD當線上醫生，聊天時他常會與家人分享線上問診概念，我雖然不太懂網路，但是看他這麼投入，也很支持他。

當時我的醫院正遇到轉型危機，但我看乃彰在美國過得還不錯，不敢奢求他回台灣，我本來想，他以後可能就留在美國繼續發展了，沒想到，他因為秀傳醫院院長黃明和的關係，藉著網路醫療的事情搭上線，喜新求變的乃彰，後來應黃明和之邀，協助秀傳醫院在台灣發展最新的網路醫療新事業。

最開始回到台灣，他沒有直接回來繼承家業，反而是在秀傳醫院旗下「國際厚生數位科技公司」發展網路醫療的新事業。據說是一開始醫師見過患者之後，接下來就可以用網路問診，對於不方便來院的病患來說方便許多。

更厲害的是，遇到特殊疾病還可以跨國線上會診，必要時甚至能跨國轉診，營運起來相當不容易，也許正是在那時，乃彰在醫療管理方面的能力越發雄厚。後來，他放下美國的規劃，回來接家業，帶了很多他在國外累積的學識涵養，還有國際厚生數位科技公司多年的營運管理經驗，準備大展手腳。

比如說，他很堅持看數據，遇到挑戰和困難，會尋找解決辦法，在我看來，雖然我們做事的方法不同，但有時候就覺得，他這份求知若渴、堅持不懈、不怕苦不怕難的氣勢，頗有乃父之風。

我們醫院同仁都知道，千萬不能跟乃彰說「不可能」、「很難」或是「行不通」，因為他一聽到這幾個關鍵字，骨子裡追根究柢的細胞就活躍起來了，他會拿數據、拿法條一個一個研究，想辦法克服種種難關。

如果問題出在技術上，他就會去研究，做實驗、測試，找到答案，如果問題出在合作上，他就釋出最大善意，努力協調到雙方滿意，好像再怎麼困難的東西，都難不倒他。

我在當院長的時候，我很怕主管機關來做醫院評鑑，常常覺得認真準備了好久，也得不到好結果。

自從乃彰接任營運長之後，我們醫院對於評鑑的態度就變得很不一樣。過去，醫院評鑑這件事對我們來說，比較像是定期考核，每一段時間到了，我們就把那陣子的成果整理好發表出來，呈現給委員看，然後再接著改進，大家都很重視這個事情，這樣對於醫療品質的控管也是很好。

不過乃彰上任之後，他的觀點比較特別，他覺得既然考核、檢查的項目很重要，那為了全院病患和護理人員的健康，當然是要每天做、時常檢查。

所以乃彰特別喜歡做醫院評鑑，而且他還說，評鑑就是有機會請委員進來指教，我們要是做得好的，就跟委員交流、讓他們看見我們的優點，如果我們還有需要改善的地方，就藉評鑑委員的經驗，接受批評，指點改進，這樣我們醫院就能時常保持最佳狀態，對病患或對院方，都有很大的好處。

有一次，在他的爭取下，我們醫院配合醫策會，試作一個新類別的醫院評鑑，後來醫策會對我們的表現非常滿意，還說特別讓我們延後一年接受醫療評鑑，結果乃彰竟然拒絕醫策會的好意，拜託醫策會明年繼續來做評鑑，營運長的思維真的與眾不同。

我很幸運，一輩子能夠忠於自己的天職，為患者服務，從醫師到院長，已經得償夙願，怎麼也沒想到，還能晉升為總裁，大大超乎我人生意料之外，「後繼有人」對我來說，比任何一切都還要值得。

乃彰繼承衣缽，接下蕭中正醫療體系的營運重擔，繼續傳承這份醫療事業。他的表現很傑出，他帶領的醫療團隊成員們，個個驍勇善戰、各司其職、各有所長，雖然我沒有說出口，但我內心深處著實以乃彰為榮！

而我的兒媳劉惠敏，和乃彰在美國念書時認識，惠敏取得美國波士頓大學公共衛生學系以及公共關係學系雙碩士，她和乃彰返國後，幫忙輔佐乃彰事業，相夫教子、家庭和樂，是一個稱職賢慧的好媳婦。

女兒夙倩賢良淑德

我的事業雖然忙碌，但對於三個兒女的關心還是盡我所能去做——這都要感謝英美很努力營造我們親子相處時光。

大一點的，包括生日和三節（春節、端午節、中秋節），必有固定家庭聚會，小一點的，可能是慶功宴、慶祝趴，為了把大家兜在一起，什麼理由都有，英美愛熱鬧，點子很多，很愛辦活動，她認為這樣家人感情才會親，至於這些關於家人相處的點點滴滴，夙倩全都記得清清楚楚。

夙倩說，她印象最深的是每周日我們蕭家的「家庭日」，那時三個孩子還小，他們去國語日報學作文，下午三點多下課，我就記在心裡，時間到就快快收拾，趕著去接孩子們，全家一起到台北近郊走走繞繞，出遊放鬆一下。

常常我們開車到了陽明山國家公園門口，已經接近五點，快要打烊了，公園管理員不太想讓我們進去。可是，好不容易我們一家子都到了，就這樣打退堂鼓，我實在很不忍心讓大家失望。

這時候，我就會假裝自己是歸國華僑，拜託管理員通融通融，讓我們快快進去快快出來，滿足一下孩子們的願望，通常我這樣講，管理員都會心軟，讓我們一家進去園區「蘸一下醬油」，就算只有短短十分、二十分鐘，三個孩子也是樂不可支，夙倩覺得我這個爸爸好神。

因為工作忙碌，我沒辦法像其他同業一樣，常常帶妻小出國旅行，我們頂多在國內來個兩天一夜或三天兩夜的小旅行，即使如此，那個沒有智慧型手機、只有「ＢＢ叩」的年代，只要叩機響，表示有孕婦要臨盆了，我得火速趕回，夙倩說：「爸爸都是前後兩天不見人影，中間一天才看得到人。」

這兩件事，沒想到女兒當時小歸小，卻記得一清二楚，還會特別提起，讓我覺得很窩心。

夙倩從小個性文靜善良，不喜歡出風頭，她的功課非常好，記得有一次老師選她當班長，她滿心不願意，一把鼻涕一把淚，在家哭了好久，英美跟我不知道拿她怎麼辦才好。

我讓三個孩子從小進診間、產房，觀察爸爸的工作內容和環境，多少起了耳濡目染的作用，大兒子乃彰、小兒子彥彰都走上白袍之路，至於夙倩，她在高中時，就表達她將來不想從醫的志向，她要念心理系，最後如願考上台大心理系，到美國念書時，有哥哥乃彰照顧，我和英美都很放心，後來夙倩順利拿到心理學碩士，回國擔任台安醫院兒童發展復健中心臨床心理師。

夙倩這孩子善解人意，觀察力入微，而且個性細膩，這點跟我很像，我有些仔細的地方只有她才看得出來——孩子還小的時候，我都在忙工作，只有吃晚餐的時候彼此才會見到面，通常等到深夜，我忙到告一段落，我會上樓幫孩子蓋被，看著他們熟睡安詳的臉龐，也算是父親的一種小小慰藉。

有一次女兒告訴我，我在幫她蓋被子時，還會特別喬電風扇，他看我走來走去、左試右試電風扇，就是要讓風微微地吹到她的身上，又不能直接吹讓她感冒，喬了很久，這些她都曉得，女兒說從這點看我「心思很細膩」，當然，她應該也讀到了一個父親對女兒的愛。

別看夙倩文文靜靜的，其實她是個很有主見、堅持自己想法的孩子，不管是課業、事業或是愛情，夙倩都展現出驚人的執著。

夙倩和女婿是國中同學，我們兩家住得很近，女婿的父親也是板橋地區的婦產科名醫，地緣關係加上背景相似，這段姻緣可以說是前世註定。

女婿是一名牙醫，他和夙倩兩人興趣相仿，兩人都是圖書館「忠實之友」，他們多年來累積的借書紀錄，在新北市絕對名列前茅，女婿更是旅遊美食達人，兩人夫唱婦隨，琴瑟和鳴。

有一年我生日時，夙倩和女婿特別把我跟英美的照片全部集結起來，全部掃描成光碟，送給我當生日禮物，說是比較好保存，數千張老照片集結成冊，可是一項大工程，肯定花了他們很多時間，真是讓我感動。

女婿當牙醫，不像其他科別要隨時待命，不會說有什麼突發狀況趕回醫院，反而可以妥善安排時間照顧家庭，享受生活，我覺得女兒真的嫁得很好，她幸福美滿，我們當爸媽的就快樂。更何況她很用心栽培孫女、孫子，常常回來陪陪我們兩老，享受天倫之樂。

有個貼心顧家的女兒，真好！

小兒子彥彰是鼻整形一公釐的雕塑家

我的小兒子彥彰，現在擔任台北林口長庚醫院一般整形外科主任醫師，拜在美國顯微重建外科醫學會至高榮譽教授、中研院院士、國內整形外科名醫教授魏福全的門下，深受栽培。

二〇一九年總統科學獎得獎人魏福全院士，師承已故台灣整形外科之父羅慧夫，專長顯微重建及異體複合組織移植，四十年來致力自體及異體組織移植的相關基礎與臨床研究，在國際外科界受到高度推崇，他與其團隊以所發展的重建手術，已挽救了三萬多名病患，恢復患者器官或肢體的功能及外觀。

彥彰獲得魏福全院士推薦，陸續飛到美國芝加哥大學、亞歷桑納大學、伊利諾大學芝加哥分校等，向 Dr. Gary C Burget、Dr. Frederick Menick，以及 Dr. Dean Toriumi 等世界頂尖一流鼻部整形重建大師、鼻部美容醫師學習，專注鼻部的整形、美容與重建等研究領域。

彥彰是專業的鼻整形醫師，由於自體肋軟骨隆鼻病人，最怕肋軟骨彎曲變形（Warping）後遺症，發生機率為一％到五〇％，彥彰自行研發世界級創新手術，採用「內嵌式自體肋軟骨移植（Chimeric autologous costal cartilage graft）」方式，大大降低自體軟骨發生彎曲的機率，一舉提升隆鼻及鼻整形後的效果，減少了術後的調整率（Revision）。

彥彰這個新發明，二〇一四年刊在全球整形外科界公認最好的期刊PRS（Plastic and Reconstructive Surgery）上，獲得世界級的認可，自此之後，彥彰常常受邀媒體專訪，也經常受邀參加醫學會和研討會，在亞洲各國飛來飛去，分享他發明的新技術，而他對鼻整形的熱情，前後在國際期刊發表八百多篇文章，奠定他在鼻整形領域的權威，有這樣的成就，身為爸爸的我當然感到很驕傲，我們全家都開心不已。

林口長庚醫院官網形容彥彰是「鼻整形之一公釐的雕塑家」，彥彰自己也說：「我將還給所有人鼻子最重要的兩個功能——呼吸和美觀。」從這些小地方就可以看出，彥彰不只是一位醫師，還是一名文青，甚至可說是一位美學藝術家。

雖然我和彥彰都是拿刀的醫師，不過整形外科這個領域，跟美學關聯性更多一點，醫師除了要把病治好，還得要求「美」，仔細回想起來，彥彰似乎從小就展現了美學、藝術這方面的興趣。

彥彰念國、高中的時候，興趣比較廣泛，文章寫得不錯，我還記得他國中一年級的時候，有一次要我們晚點再去接他，也不講原因，後來在英美強力逼問下，才知道他參加全校作文比賽，而且還得了新詩佳作獎。

彥彰在校成績不錯，考醫學院應該沒問題，我記得他在家常跟英美分享，說自己的作文寫得很棒，老師還念給全班聽，看得出來他對寫作很有自信，興致高昂，有一陣子彥彰想走第一類組考新聞系，他對針貶時事、伸張第四權的「記者」這行，頗有憧憬。

我們這一代學醫的父母，內心多少盼望孩子能夠繼承衣缽，至於英美對孩子的教育，主導性比我更強，她覺得男生走第一類組，怪怪的，明明彥彰考得上醫學院，但興趣卻一直在文科打轉，到底該不該鼓勵他走第一類組，還是該引導他選第三類組，英美和我都好糾結。

後來我們想，最好不要跟彥彰正面衝突，英美還偷偷跑去學校找老師，暗示老師盡量不要誇他作文很厲害很棒之類的，後來彥彰分組的時候選了理組，我們才比較安心一點。

彥彰興趣廣泛，多才多藝，雖然念台北醫學院很操很累，不過彥彰在學校當攝影社社長，不管到哪裡，相機都不離手，他每去過一個國家，就會在地球儀上插一根旗子，整個大學期間彥彰一直出國玩，旗子插到滿滿的，照片也拍了上千萬張。

畢業後要實習，台大、榮總、長庚等好幾間醫院，彥彰都有在考慮，可能他最愛的還是跟「美」有關的東西吧，最後彥彰決定要走整形外科，師承魏福全院士，甚至有機會到美國跟世界級大師學鼻整形重建技術。

如今回頭來看，彥彰的整形外科專業跟文學藝術興趣，這時候全部兜在一塊了，他既會做手術又會寫文章，喜歡攝影，看盡世界美景，也閱人無數，「當整形外科醫師，腦中有沒有一個美的樣子很重要」，彥彰把興趣和工作結合，發揮得淋漓盡致，而且很有成就感。

我記得他剛開始R一的時候，有醫學的問題特別回來找我討論，還找我一起上刀，也許想要磨練一下技術。

那時候大概民國九十二年左右，醫院正蕭條還在轉型中，院內的氣氛比較像婦產內科，偶爾才有手術，住院的病人差不多都沒了，為了要陪彥彰練刀，我還花了一點功夫過濾比較適合的手術病患。

果然，不同專科的醫師做法、教法，真的不一樣。

我們婦產科手術縫線時，最重要就是搶速度，趕快把傷口縫起來，這樣才能止血；但彥彰他們整形外科縫線還得兼顧美觀，這點跟我們婦產科比較不一樣。

父子同上一台刀，真的是滿特別的體驗，如今彥彰成為獨當一面的鼻整形專家，他的拚勁和成就，我感到很欣慰。

我聽朋友轉述說，有人問彥彰：「為什麼走整形外科沒走婦產科？」

結果彥彰秒回：「因為再怎麼搶都不會跟爸爸搶啊。」

我一聽哈哈大笑，這小子真是令我感動啊！

我的字典沒有「退休」這兩個字

希波克拉底（Hippocrates）這個名字，可能很多人沒聽過，但我們這些穿白袍的都知道，他生於兩千五百年前的古希臘帝國，被西方尊為「醫學之父」或「現代醫學之父」。

我們在醫學院修業完成並通過檢測，成為正式醫師之前，都必須經過「醫師誓詞」這個宣誓儀式，誓詞內容從古至今多次修改，但仍保留相當部分的《希波克拉底誓詞》的精神。直到今日，在很多國家很多醫生走上臨床崗位時，還必須要按此誓言宣誓，就好像沒有哪位黨員不知道入黨誓詞一樣，也幾乎沒有哪位醫生不知道《希波克拉底誓詞》。

作為日內瓦宣言一部分的《希波克拉底誓言》，由世界醫學會每隔十年重新評估誓言內容的準確性，並適時予以部分修改，以求與時俱進。

自一九四八年以來，這部醫界奉為圭臬的誓言先後修改了七次，二〇一七年十月又做了第八次修訂，因應全球性的醫師過勞問題，最新版本多了句「我將要致力於自身的健康、福祉和能力，以提供最高標準的照護。」

身為醫業一員，我鄭重地保證自己要奉獻生命為人類服務，病人的健康與福祉將是我的首要顧念，我將尊重病人的自主權與尊嚴，我將保持對人類生命的最大尊重，我將不容許年齡、疾病或殘疾、信仰或族裔起源、性別、國籍、政治背景、種族、性取向、社會地位或其他因素的考慮介於我的職責與病人間。

我將要尊重所寄託給我的秘密，即使在病人死去之後；我將要憑我的良心和尊嚴從事醫業，且與優良醫療規範一致。我將促進醫業榮譽和高尚的傳統，我將要給予我的師長、同業和學生應有的尊敬與感謝。我將要分享我的醫學知識，為了病人的利益和健康照護的進展；我將要致力於自身的健康、福祉與能力，以提供最高標準的照護。我將不運用我的醫學知識去違反人權和公民自由，即使受到威脅。我鄭重地、自主地並且以我的人格宣誓以上的約定。（二〇一七年版）

五十年前，我戰戰兢兢念出醫師誓詞，展開我濟世救人使命，如今，我回頭審視這一萬八千天漫長的行醫生涯，我敢拍胸脯說，我確實用心遵守這份誓言，不管是對我的恩師徐千田大將，還是相信我的病人，我都問心無愧。

時間過得飛快，跟我同期的同學或是婦產科同業們，他們都退休了，甚至，有不少比我還年輕的醫師，也紛紛離開這行。但在我的腦海裡，從來沒有浮現過

「退休」這兩個字。

我從來沒有把醫師這個職業，當成是一份工作，懸壺濟世，是我的興趣，也是我的志業所在。雖然如今我走在院內，其他同仁總是喊我「總裁」、「總裁」，可是在我的內心深處，我最愛的還是當一名熱血醫師，一樣照常坐在診間，等著病人一個一個進來看診。

雖然這幾年，來我診間掛號的病人少了，但三不五時還是有一些老病人，她們小孩都已經長大，二代、三代也帶來給我看，我還是很關心她們的身體，也愛跟她們聊聊生活近況，這份志業，我樂此不疲。

年輕的時候，我為了學好醫術，打好基本功，有過一段天天睡在醫院的苦日子，也有一人兼三份差，賺錢養家的奔波歲月，幸好當時我願意吃苦，也肯下苦功，累積不少婦產科相關診斷治療，以及手術成功經驗，帶來好名聲，我的開業之路就算沒有一帆風順，至少沒有狂風暴雨。

儘管最近這十多年來，為了醫院轉型頭疼腦熱，但最後終究熬了過來，如今我學會放手，讓大兒子營運長全力發揮所長，把蕭中正醫院從單一院所變成一個擁有數百人團隊的醫療體系，這一切，我滿心感恩。

令我欣慰的，不只是蕭中正醫療體系發展良好，連我念茲在茲的婦產科近年情況也有好轉——原本國內婦產科一度爆發嚴重人才荒，被列為醫學院「五大皆空」之一，我和同業有一陣子憂心忡忡，畢竟我也算婦產科耆老，人才斷層嚴重，後繼無人，感觸特別深。

幸好，現在情況改變了，新聞曾經報導，「台大醫院婦產科二〇一八年滿招，連成大第二名畢業生都進不去。」這兩年婦產科從谷底翻身，成為搶手熱門專科，真是始料未及，我覺得很開心！

以前的我，很難想像自己八十歲還能健步如飛，我現在幾乎每天都與家人、孫子孫女外出散步，我最愛和別人玩「猜猜我幾歲」的遊戲，每次聽到別人驚聲尖叫：「怎麼可能？你看起來只有六十歲！」時，我都樂不可支。

說起我的「凍齡」秘密，不是靠玻尿酸，也不是靠人蔘，我想，應該是我從不輕言退休吧！我到現在還時常穿梭在各種醫學研討會，汲取醫學新知的熱情沒有盡頭，一旦知道更新、效果更好的醫學知識，馬上跟第一線醫事人員分享，我想，我的熱血醫師魂，永遠都不會熄滅！

至親至愛的家人

我畢生最大的幸福，應該是娶到好太太、生了三個好兒女、娶了兩個好媳婦、找了一個好女婿、擁有六個好孫兒吧！

說起來，我這一生能夠有所成就，家庭真的給我很大的力量，不管是我的太太英美，還是出類拔萃的兒女們，都是我最大的精神支柱。

跟很多三、四年級生一樣，我向來不是一個會開口表達愛意的男人，太太有次跟人說：「我從來沒聽他講過任何一句『我愛你』，而且他從來不記得結婚紀念日、誰的生日等重要日子，但是一包藥要包○．○○三或○．○○○五克這種數字，他都從來不會忘記。」

太太這樣講，連我聽了也笑出來，完全無法反駁，哎，我們這個年代的男人，真的是愛在心裡口難開。

年輕時候我忙著打拚事業，幸好有英美幫忙，她不只協助我開業，還非常用心照顧家裡、照顧孩子，甚至愛屋及烏，連我們蕭家兄弟姐妹下一代的姪孫輩上台北來玩或念書，長期寄宿我家，英美同樣的把他們當成自己的孩子一樣照顧，她的寬容氣度和體貼入微，真的很了不起，可說是當代女性的典範，她是我人生最大的支柱。

英美曾經說過，她這輩子嫁給我，她自認對得起「公公」了。原因是當年我的父親萬中選一，挑中英美當我的相親對象，造就一段好姻緣。說起來，我真的很感謝父親，他真的很有眼光，為我選中的妻子出得了廳堂、下得了廚房，宜室宜家，賢慧善良。

這兩年英美身體不適，難免鬱鬱寡歡，黯然神傷，以前我忙著工作，沒辦法好好陪她，這時候，換我來照顧她了。雖然我對病人有耐心，但對家人就是口拙，不會講好聽話給太太聽。但是我用行動表示，例如英美住院那陣子，每天晚上我都緊握她的手道晚安，英美有次跟孩子們說：「你爸變得跟以前不太一樣了。」

我聽了暗笑，心想太太真的有感受到我的愛意，我想這就是我們老夫老妻之間的默契吧。

為讓英美開心，三個孩子非常孝順，時不時安排祖孫三代活動，不管是去台北近郊或出國旅遊，兒女們就算再忙，也一定盡可能排出空檔回家看媽媽，陪媽媽說話，三位孩子和媳婦、女婿們的孝心，英美全都有收到。

古語云：「修身、齊家、治國、平天下」，太太和我透過身教，孩子們看在眼裡，修養好的品格道德，進而把自己的家打理好，培育出第三代優秀的孫兒，我對我們蕭氏一族，個個事業有成，父慈子孝，兄友弟恭，感到非常滿意和驕傲。

可能我這個人比較傳統，我常覺得事業做再大、錢賺再多，如果沒有孩子繼承衣缽，那人生有啥意義？

我這三個孩子，全都是我親手接生，個個傳承白袍志業，而且，第三代兒孫同樣德才兼備，這對我來說，就是上天賜給我最棒的禮物。

大兒子乃彰繼承家業，他眼光獨到，運用他的醫療相關管理長才，幫助醫院轉型，把「蕭中正醫療體系」發揚光大，未來目標鎖定長期照護，還要培養更多的醫療專業人才，是敢做敢為的營運長，我很放心把集團交給他。

二女兒夙倩是專業的兒童臨床心理師，用她的專才幫助很多人，夙倩跟她媽媽很像，永遠把家人放在第一位，相夫教子非常有一套。

二〇一九年外孫考上建中，不只我們開心，夙倩的公婆更開心。我還記得那天陪孫子踏入建中校門，和英美打趣說：「這是我們來台北五十年來，第一次踏入建中。」兩人相視而笑，那一刻的甜蜜回憶，永遠難忘。

小兒子彥彰是學術醫術兼備的林口長庚醫院一般整形外科主任醫師，他發明的鼻整形創新手術，享譽國際，世界各國的醫學會議都看得到他的身影，彥彰開刀技術絲毫不輸我這個爸爸，這就是所謂的「虎父無犬子」吧！

人生走到這個階段，事業安定，兒孫自有兒孫福，我的一生圓滿順遂，接下來只期盼蕭中正醫療體系能夠綿綿不絕、永續經營，家人平安健康、幸福快樂，就是我最大的心願。

蕭氏一族感情和睦，蕭家二代紛紛開枝散葉，定期聚會，祖孫三代合影。

後記——感謝團隊成員

醫院的轉型，有許多幕後功臣，眾志成城，功不可沒，特此致謝！首先，體系的副營運長楊枝哲放射師，是我常委以重任及諮詢的重要成員，枝哲負責規畫推動完成醫療機構及服務流程的建立。

在醫師方面，自從王炯琅執行長加入團隊後，不僅發揮醫師所長，在經營方面非常有經驗及眼光，讓團隊可以齊心合力持續進步。婦產科主任鄭仁榮醫師專精婦科疾病，代表體系積極參與公衛防疫工作，進行癌症篩檢及民眾與學童的健檢和疫苗注射。

陳顯昌復健科主任在關節疼痛、椎間盤突出及退化性關節炎等疾病、運動傷害有獨到之處，帶領復健中心提供之筋膜激痛震波治療等復健治療，成功醫治許多民眾足底筋膜炎的痛楚。復健部門初期的推手為林宗靖與許佩暄復健治療師，他們建制了許多復健品質上的規範。

為解決三鶯地區許多民眾復健需求，「清福復健診所」成立了，並由林淑敏總治療長領導復健團隊，以精準的超音波治療、關節抽吸治療、和各種完整的復健治療項目，為地區民眾提供絕佳的復健醫療服務。

血液透析治療是體系一大服務特色，由血液透析中心張瑞琪主任醫師帶領清福醫院院長吳和翰醫師、新福星診所院長江惠珠醫師及總院區的陳嘉君醫師等，共同為雙北廣大的腎友們服務，和腎臟相關疾病的醫療服務，其中還包括了地區醫院極少提供之住院洗腎透析服務；體系的腎臟照護醫療群非常注重透析相關醫療品質、感控管制作業，並積極為腎友提供移植登錄轉介服務，每年完成數位民眾的腎臟移植治療。

住院部門由吳福平主任和林明澤醫師領軍，先後成立加護病房、呼吸照護中心、及慢性呼吸照護病房，並於附設居家護理所設置居家呼吸業務，為國內少數提供呼吸照護垂直整合第一階至第四階之醫院體系。

泌尿科提供男性攝護腺、泌尿系統疾病的治療由謝世安醫師帶領，在其精湛醫術下解決許多病患腎結石方面的痛楚，且與陳志榮醫師共同開立性福門診，為男性病患提供評價極高的醫療服務。居家護理所提供醫師訪視，及配合機構醫師巡診業務，林政遠醫師長期協助體系此項業務，並得到廣大民眾的信任與讚許。

護理師團隊部分，在黃聿羚主任加入體系後，除了穩定護理人力的流動率以取得合理護病比外，更協助護理公會的發展，佐以實證護理衛教並持續監測提升護理品質，建立護理進階制度，提升護理師對專業度認同，同時規劃護理主管交叉訓練，配合體系策略發展負責護理單位與跨部門之溝通協調，曾獲新北市優良護理人員獎、優秀護理人員獎及護理傑出獎等獎項，更擔任體系在品質及病安方面不可或缺的副營運長一職。

門診的許合利護理長及李曉情副護理長，落實了門診社區健康衛教活動，提供民眾健康促進護理諮詢，配合政府實施流感疫苗計畫，積極參與政府相關健康計劃，連結長照政策提供安寧照護服務。

總院區血液透析中心林芷瑄護理長提供專業血液透析護理服務，堅持血液透析品質維護，積極參與各項護理相關交流，吸取經驗加以應用。總院區住院病房謝依玲護理長提供優質住院服務品質，進行呼吸照護品質監測及改善，落實臨床護理師教育及護理技術稽核，曾獲新北市優良護理人員獎、優秀護理人員獎及護理傑出獎等獎項。

蕭中正醫院附設居家護理所吳慧群護理長，提供地區民眾優質居家護理服務，與長期照顧服務機構關係良好，提供雙北地區優質居家服務，曾獲新北市優良護理人員獎；清福醫院附設居家護理所林美怡護理長提供居家護理照護服務，整合地方資源應用於居家護理個案，銜接長照服務，讓居家護理服務更加完善，積極拓展三鶯及桃園地區居家照護服務範圍。

清福醫院薛雅菁護理長提供地區門診及住院優質護理照護，訓練門住診護理師，持續護理技術監測，維持護理品質。陳菊文護理長提供優質血液透析中心護理照護服務，擔任腎臟病初期改善方案計畫之衛教師提供個案管理服務。新福星診所張議文護理長也是提供優質血液透析中心護理照護服務，監測血液透析相關品質指標維持護理品質，舉辦衛教活動推廣腎臟照護品質認知給民眾。曲文華個案管理師，擔任負責管理出院準備相關業務，負責住院、血液透析相關個案管理，穩定體系業務，並與個案之家屬建立良好溝通。

清福醫院院長吳和翰及副院長袁苾瀠在清福醫院的草創拓展期間，協助醫療體系與各長照機構的協調就醫及後續照護流程，讓「醫、養、康」結合的概念可以落實，在醫病關係與病患的溝通和照護資源的整合上也深受好評。

感染管制管理師莊佩蓉積極監測及降低感染密度，協助醫療品質提升並降低抗生素使用增進病人安全；武漢肺炎疫情肆虐全球，即時掌握最新疫情資訊、配合指揮中心更新感染管制措施、有效控管體系各項防疫物品與添購，讓體系能做出最好的防疫政策。

呼吸治療組由陳瑞瑩領軍，參與本院加護病房及呼吸照護中心及清福醫院設立。每天對呼吸器仰賴之病患進行評估，並積極協助病患住院期間及脫離呼吸器的訓練。

工務主任花宗榮，協助院內大大小小的雜事、修繕工程也都是在他盡心盡力下完成。而勞安主任李孟穗，負責公安申報以及消防維護、環保清潔事務，讓整個醫院配合法令，達到政府要求的標準。

醫務行政室的游素秋主任與李香蘭病歷組組長，負責體系健保申報事項，配合完成健保審查，與健保給付的最佳化，對於體系財務健全有很大的幫助。

人資處長劉育辰除了因應勞基法修改造成的影響外，也運用各種方式招募人才，她和人資專員郭麗玲及陳玉芷，更投入非常多的心力為體系儲備培訓人才。

副營運長張永昌在法學素養的精湛，體系在發展過程中，所要克服的法令上限制或是對醫療法施行細則相關疑慮，均能適時的提出建議與因應方法，並確實快速的完成使命。

體系的醫療車隊在成立的過程中，多年服務我們家族的司機駕駛林申發先生，認真負責與耐心的態度，為車隊其他駕駛同仁優秀的典範。醫療車隊主任黃建倫於面對龐大病患在交通運輸上的需求，與醫護團隊到各地服務的運能，積極協調，並以全盤性的規畫，讓體系的交通運輸步上軌道。

蕭中正醫院因為轉型為醫療體系，擴大編制，由祝三實業進行產官學的合作計畫，更共同成立多家子公司，在吳明威財務長的主持下，讓整個體系的財務會計進入軌道。體系的R&D由蕭佳彥博士領軍，進行各項科研計畫與專利申請的重任。而在藥品銷售方面，由周政功經理在業務上力求突破，落實聯合採購，降低購買成本，並積極開發藥品及衛耗材的營業項目，引進國外優良的醫療器材與產品。

營運長特助洪千雅小姐，在追蹤各項議題的執行相當用心，於安排行程上也是井然有序，在我們體系的成長過程中擔任了不可或缺溝通協調的角色，讓單位之間的整合運作能更順暢。

藥劑室在謝永毅主任的領導下，將藥局作業全面資訊化，參與醫院專案遠距照護計畫，協助解決長照機構用藥安全疑慮，並帶領藥劑師團隊加入抗生素管理計畫，藉此降低體系抗生素用藥及減少多重抗藥性與藥物交互作用，獲得抗生素管理醫院認證。福澤連鎖藥局之成立，乃因應長照機構藥物需求諮詢及慢性處方箋調劑與社區藥事諮詢而成立；福澤連鎖藥局由黃信嘉藥師負責，實踐「藥局成為您好鄰居」之理念。

體系檢驗單位在龔新嵐及許政雯檢驗師的帶領下，不但讓檢驗工作能掌握到正確與迅速的原則外，更協助成立了社區醫院非常少見的血庫，讓輸血作業能與臨床單位密切接軌。

蔡語涵營養師提供住院病患在營養專業上需求外，同時提供門診洗腎及機構住民的營養衛教，更代表蕭中正醫療體系在社區衛教及公部門邀請活動中演說、教育大眾健康飲食觀念，也出版過多本暢銷醫養結合的營養書籍。

體系內有更多在崗位上付出的團隊無法一一感謝，但大家群策群力，為病患提供最佳醫療服務的初心，是我們最珍惜的榮耀，也是推動體系進一步成長茁壯的動力！

全方位醫療照護組織系統

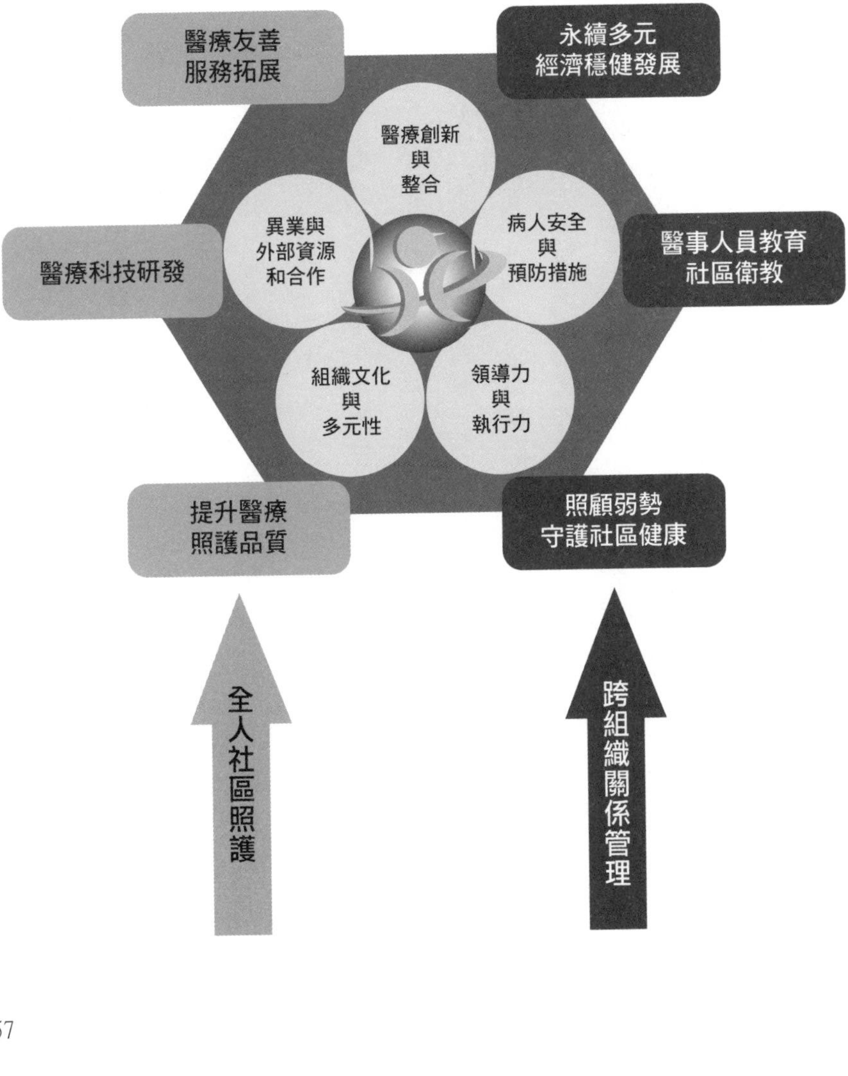

作者的話——吳佳晉

《中正醫路》是我記者生涯的全紀錄

我常笑稱自己是「三本」作家，三十幾歲時出了三本投資理財書，之後自認無法再突破，乾脆封筆。可萬萬沒想到，人生的極限常常不是自願的，有時候挑戰會主動來敲門。二〇一八年秋冬某天，乃彰突然電我：

「佳晉，可以請你幫我爸寫書嗎？我們想送給他當生日禮物……」

「什麼！傳記？我不行啦！」

在我心中，要寫出一本拿得出手的傳記或回憶錄，至少要像《賈伯斯傳》那本吧，七百頁滿滿嘔心瀝血，厚到可以當枕頭，若沒有全心全意耗個三、五年，絕對寫不出來，我自認功力不夠爐火純青，更何況我還在報社上班，一心難以二用，當真心有餘而力不足。

不死心的乃彰，繼續遊說：「你出過很多書啊，交給你寫，我很放心，你一定沒問題的。」

在他滔滔不絕的同時，我心裡頭冒出一個聲音：「答應吧，他人這麼好，不幫忙說不過去，更何況，你從來沒寫過傳記，你不是喜歡嚐新嗎？這又是一個人生大挑戰！」就這樣，我答應接下這份神聖的任務。

如果要用一句話來形容，我會說：「這本書等於是我記者生涯全紀錄。」要不是這本書，我也不會知道，二十三年來我主跑醫藥、影劇到金融財經產業新聞，這段茫茫歲月，走過的每一段路都沒有白費。

此話怎講？正因為跑過醫藥新聞，我迅速消化日據時代的台灣史、台灣醫學史、婦產科史料、全民健保由來，吞下各種艱澀難懂的醫療術語和法規，希望用淺白字句，古今貫穿，描繪蕭伯伯畢生白袍志業。

如果不是因為當過八卦影劇記者，我豈敢冒著生命危險，一次又一次刺探蕭爸蕭媽的愛情史，甚至因為我的狗仔細胞太發達，職業病改不掉，老愛交叉比對詰問，果然挖出不少塵封過往。

身為資深財經記者，深知企業轉型之難，我聽過太多一代、二代重重隔閡與摩擦，蕭伯伯和乃彰也不例外，父子大鬥法，蕭媽媽扮演潤滑劑，縱有意見不合，但全家同心，其利斷金，擦亮全台灣長照醫療最佳典範——「蕭中正醫療體系」的金字招牌。

「愛」與「付出」，是蕭家人的印記，是傳家寶典，也是他們最成功、最令我感動的地方。

採訪期間，有很多不能說的秘密，蕭爸蕭媽不希望曝光，但只要我堅持，兩位老人家還是默默接受了，乃彰總是用「我們要相信專業」，一句話堵住家人的嘴。如此尊重作者的一家人，你怎能不愛他們？

最後，我忍不住要爆料。其實撰寫這本書，一開始很挫敗。

原本計畫把蕭伯伯的一生寫成小說，目標是翻拍成電視電影，只可惜這帶有七分杜撰、三分真實的小說體寫法，很難說服老人家接受，蕭伯伯看了初稿更直呼：「寫這樣明明就不是我啊！」這個瘋狂點子最後胎死腹中。

不過，世事難料，難保哪天蕭伯伯見證台灣近代醫療史長達五十年的愛情親情奮鬥勵志故事，躍登螢光幕……嘿嘿，我相信，人生，有無限的可能！

我的三叔，人如其書

勤業眾信聯合會計師事務所總裁　賴冠仲

蕭中正醫師是內人蕭昭宜的親堂叔，也是我們口中慣稱的「三叔」，而《中正醫路》書中提到的「伯父」即是內人的祖父。記得內人北上念大學時，曾經有一段時期寄宿在三叔家中，再加上內人懷長女禹先時受到三叔細心照護，禹先才得以順利出生，因此也造就我們與三叔一家近三十年的好交情。

三叔在本書中以一貫爽朗、樂觀的口吻，生動地說出他那豐富精采的人生歷練，其自然流露之真情，與我所認識的三叔簡直毫無二致。三叔要我為這本記錄他從醫歷程的書寫序，我簡直不敢造次，但看完稿本後我會心一笑，因為書中記述的內容與口吻，簡直就是我們平日所認識的三叔……如沐春風、趣味盎然、樂於學習，對周遭人、事、物等新鮮事充滿追根究底及熱情的好奇心，偶爾三叔與致一來，還會考我會計的問題呢！

正如同大家對他的印象一般，三叔對於家人及朋友總是親切熱心、關懷備至；對於患者，尤其細心照料、視如己出；對於醫界後輩，更不吝指導與提攜。

我認識的三叔是位溫和謙遜的長者，他即便在醫療領域已頗負盛名、成就崇高的今天，也並未因此停止學習的腳步，反而在自己的專業領域內、外努力涉獵新知、積極充實自我，三叔永遠樂在學習的態度與實踐，實為我們後輩最值得效法的好榜樣。

醫療是促使社會安定的重要力量之一，從最先創設的蕭婦產科診所到蕭中正地區醫院、乃至成長到目前擁有三百人團隊的蕭中正醫療體系，除了在在彰顯出三叔宏觀的視野、獨到的思維、以及精準的判斷力，更可以近距離充分感受三叔懸壺濟世的使命及熱忱，不但未因年事漸高而消磨減退、反倒是與日俱增，也正因如此，三叔在其長公子蕭乃彰醫學博士的協助下，經過十年的努力，打造出處處周到的高品質醫療體系，相信不管是對於深耕已久的板橋地區或對於台灣地區醫療體系的未來發展，都是一大福氣。

三叔經營蕭中正醫療體系的理念為「視病猶親」，簡單四個字卻承載了相當重要的意義。

踏入杏林超過一甲子的歲月，三叔在三嬸藍英美女士全力支持下兢兢業業，沒有一天背離如此理念，如今三叔有機會將他正精彩演繹的「中正醫路」化作文字分享予眾人，除了是為三叔個人過往的醫路歷程做一個記載外，更可以做為蕭中正醫療體系優良之醫療文化的傳承基礎。

內人與我有幸得識三叔、三嬸一家人，並經常親炙三叔的教誨與鼓勵，雖不敢造次稱序，爰樂於向有福氣的人推薦這本讀來興味盎然的《中正醫路》。

賴冠仲

永豐餘投資控股股份有限公司董事長　何奕達

伯父與乃彰　兩代共創美好價值的最佳示範

蕭醫師是摯友乃彰的父親，也是我尊敬的長輩。頭一次見到蕭醫師，第一印象就是覺得他與乃彰一樣熱情好客，認真而好禮。

回臺之後，才知道伯父在板橋執業快半個世紀，而我公司許多住在板橋的同仁，甚至一家兩代都是蕭伯父接生的。一直到今天，蕭醫師仍每週固定在板橋的蕭中正醫院看診；在各個蕭中正醫療體系的服務據點，也都能看到他視病猶親的身影、聽到他爽朗的笑聲。對板橋人來說，這半個世紀，蕭中正醫院就像一座大山，穩穩地守護著在地新生命傳承。

有幸早於各位讀者拜讀了蕭醫師的大作，才發現乃彰的進取、認真、堅持、為人著想、急公好義，樣樣都是承襲了蕭醫師的身教。而乃彰與太太惠敏的鶼鰈情深、互相扶持，也正似伯父伯母的翻版。

從台灣最南的潮州出發，蕭醫師堅毅地一步步向前，從不懈怠。也是因為他的堅強與果決，一路上，除了家人的支持，更是有徐千田醫師這樣的良師與貴人。

自律甚嚴的他，在面對每一個重要的決策時，總能不忘初衷的回應自己心中的聲音，堅持到底。而從創立伊始就以專業、高標準為傲的蕭中正醫院，更是在蕭醫師的帶領下，隨著時代的不停創新改變。

乃彰的祖父與我的祖父一樣，都發跡於台灣南部二十世紀初的農業大躍進。他們見證了台灣透過農業的發達，快速發展，逐步走到工業社會的進步。同樣的，他們也見證了台灣社會經濟在二戰後的巨大變遷，以及七〇年代開始的經濟起飛。

透過蕭醫師的文字，以及所創立的蕭中正醫療體系，讓我們看到了台灣這半世紀的醫療進步。乃彰與伯父共事，是台灣醫界佳話。父子相互尊重，用不同的視角，合作開創出更大的格局。萃取歷代的精華，加入新世代的科技與思維，正面面對時代與世界的劇烈變遷，乃彰與伯父的經驗，給台灣許多面對時代挑戰的產業與組織，示範了父輩與子輩如何共同開創美好價值。

感謝伯父與乃彰的邀約。奕達是晚輩，很榮幸透過字裏行間，得以進一步認識尊敬的長輩。拜讀大作中，再度感受到伯父對於自己行業的熱愛及對於下一輩的期許。有著這樣的榜樣，也覺得吾友乃彰實是任重而道遠！

在這樣科技日進千尺，新發現不斷顛覆過去人類認知的今天，人與人看似聯繫緊密，信任關係卻更為脆弱。伯父念茲在茲與傳承的「視病猶親」這般良善的醫病態度，更是彌足珍貴。僅以此序，祝福您們帶領著蕭中正醫療體系穩步邁進，堅定地成為台灣居民生命中專業又溫暖的守護者。

典範醫師經歷的中正醫路

台大醫院癌醫中心副院長 王鶴健

全世界和台灣正在忙於新冠病毒疫情的當下，讀完蕭學長的《中正醫路》大作，我才恍然大悟，台灣醫療的進步，對此次疫情管控的優異表現，博得舉世的讚賞，不是平白而得，乃是根基於醫護人員專業上的自我要求加上良好的醫療訓練，秉持學長「醫者父母心」的博愛精神，配合台灣完善的健保制度有以致之。

蕭學長這本傳記性的大作，不僅是個人醫學生涯的紀錄，這本書也涵蓋了台灣光復前後，我們父母親那一輩人的生活和社會的珍貴縮影，今天台灣的高度繁榮得來並不容易，乃是經由二、三代人胼手胝足、篳路藍縷、刻苦努力下的成果，我輩閱讀此書，感恩之心油然而生。

蕭學長的行醫歷程，緣起於小學時飾演話劇中醫生的角色的特殊經歷，冥冥之中導引他走入醫學的殿堂。從醫路上他經歷了許多困難，卻秉持著對自我的嚴格要求，和追隨大師（徐千田大將）學習最好的手術技巧的信念下，忍受微薄的收入，咬牙苦撐，終於苦盡甘來，成為能夠獨當一面為病患做最好服務的良醫。

對照現在的醫師養成教育，今昔差異何以道里計！

住院醫師合理工時，值夜班後第二天中午強制下班休息等制度，使住院醫師的身心都受到了保護，相對的臨床學習時間就減少了，我們最不願看到的是制度上強制要求（準時下班），侵蝕了自我要求和學習進取之心。前輩醫師在舊有的訓練制度下，即使臨床業務繁重卻甘之如飴，值夜班痛恨的是「平安夜」，此種潛藏的追求醫術卓越的上進心，專業的奉獻精神，值得年輕一輩深思和學習。

醫療是一種特殊行業，尤其是外科系的醫師，師徒制的醫師養成教育是其核心的精神。由蕭學長的言行中，我們深切的體會到，他對師長的敬重感恩，對同儕的和睦，延伸到對病患的視病猶親，造就了他的醫療體系的形成和茁壯，是其來有自。

蕭學長平日待人處世謙和有禮，雖然貴為總裁，總是平易近人，是一謙謙君子。回顧他從幼年到成家立業的過程，是「家和萬事興」的典型寫照。

尤其學長娶了位人人稱羨的賢內助，在學長繁重的臨床業務下，同甘共苦一肩扛起持家照顧兒女的重責，還要幫忙處理醫院繁雜鎖碎的行政業務，更在關鍵時刻幫忙學長做下重要的決策，使蕭中正醫療體系在困難且萬變的醫療環境下，適時轉型成功，成為值得效法的專業醫療團隊，寫下了「醫師娘」的另類典範。由於來自優良的庭訓教育、父母的身教示範，學長的子女個個卓然有成，在相關領域都有優異的發展和成就，成為社會上的棟樑。這是把中國傳統父慈子孝、兄友弟恭，由修身齊家到治國觀念的真實體現。

讀完這本大作，浮現在我心中的是學長為人虛懷若谷、待人以誠、尊師重道、孜孜不倦的學習和專業奉獻的精神，在現今以自我為中心短視的功利社會，值得做為醫界後輩的我們學習的典範。

王鶴健

為之企業有限公司總經理　李正道

家風淳厚，乃彰學養俱優

「不忘初心，方得始終。」是近年來常聽到的話語，記得有一篇介紹二十世紀著名的哲學家、小說家、也曾是哈佛大學教授桑塔耶納（George Santayana）的短文，提到令我印象深刻的一段話：原來，初心，就是在人生的起點所許下的夢想，是一生渴望抵達的目標。初心給了我們一種積極進取的狀態。

《中正醫路》這本好書給了我這份深深的情感投射。

這本書裡充分看到這種積極進取的態度，舉凡：「童年時期……奇妙的是，在那樣不受限制的環境裡，我反而發展出自律、獨立、負責任的性格，這點大概連我爸媽也沒有想到吧！」、「求學時期……現在回想起來，我很懷念當年跟同學在課堂上思考、激蕩，提出不同觀點，討論分析案例，直到現在，我還是會常常出席不同主題的醫學研討會，聽一聽別人的觀點，吸收新的知識。」、「拒絕七兩金挖角——被人賞識固然高興，但我還是決定摸著自己的良心，在『正確的選擇』跟『容易的選擇』兩者當中，選擇對自己最能交代的那一個。」……等。

「百年企業要傳承，一定要與時俱進，我的醫院也是。」言簡意賅來自蕭總裁的一句話，又帶出了令人情感澎湃的一段故事：「時至今日，蕭中正醫療體系已經從最初的小診所，搖身一變，成為三百人醫療專業大團隊，我們與時俱進、求新求變，唯一不變的，是視病猶親那顆心。『視病猶親』不僅僅是一句口號，它就像我的DNA細胞一樣，真實應用在我的行醫生涯裡……我的大兒子蕭乃彰回來接任營運長，我們打造了台灣第一家醫養結合的清福醫院；蕭中正醫院從地區型的婦產科專科醫院，成功轉型成為區域型的蕭中正醫療體系，我的頭銜也從『院長』升格為『總裁』；多元化跨業經營的核心其實很單純，就是『視病猶親』的貼心服務。」

我與乃彰是波士頓大學的校友，也是認識超過三十年的摯友（也因乃彰，蕭伯伯、蕭媽媽對我愛護有加，非常感恩！）Dr.蕭在我們朋友圈裡的評價是一等一的學養俱優，藉由《中正醫路》一書，讓我體悟到原來「蕭營運長」一直以來都有一個學習典範——蕭總裁，如同一個「能經得起考驗的房子都要建基在磐石上」他的學養俱優是其來有自。

所謂上陣不離父子兵，如今蕭伯伯父子攜手打造的台灣第一家醫養結合的清福醫院，在跨界整合醫療與養護方面，已成為台灣邁向高齡化國家的重要典範，也期盼這本好書《中正醫路》，透過蕭伯伯的「回顧」也激勵每位讀者，就像一首詩中所言：「從前，所有的甜蜜與哀愁，所有的勇敢與脆弱，所有的跋涉與歇息，原來都是在為了，向著初來的自己，進發。」

中正不倚，蕭家翹楚

工研院生醫與醫材研究所所長　林啟萬

有幸與乃彰兄夫婦於二〇一八年波士頓生技展的參訪行程中認識，隨後在拜訪蕭中正醫療體系的過程中，親自了解到乃彰兄的家族志業與隨著社會趨勢浪潮下醫療服務轉型的成功典範。

在這本書中，更可清楚的看到蕭總裁中正醫師一路走來對於醫療服務本質始終如一的堅持，在屢屢面對各種人生轉折與事業決策時，本著純樸執著的初心，做出「以病人為中心的醫療與照護服務」的最佳決策。

當然書中對於「先生娘」在這開枝散葉過程中，相互扶持與和樂家庭的重要性，更是令人感動的分享。

醫療集團在營運長的遠見擘劃下，突破諸多法規與營運下的限制，迎接新的患者需求，朝向社區長照的深根，其中也看到總裁對於新舊經營理念與新興科技導入的憂心，但在眾志成城的努力下，終能成功轉型走出另外一番天地，作為台灣醫療史上一個重要見證。

我與同仁李國俊博士都與乃彰兄團隊有互動的機會，他也慷慨提供了一則藏頭詩與大家分享。

〈風範〉　作者／李國俊

中道處事懷志氣
正人君子解苦疾
不求榮華富貴集
倚天立誓扶老稀
蕭灑自如安坐席
家有明訓常銘記
翹首以待新體系
楚楚鮮明大仁醫

新北市議會議員　何博文

逆風而行，持續創新

能為高齡八十卻面色紅潤、身強體健的蕭中正醫師寫推薦序，是緣份、更是榮幸。認識蕭醫師在一場偶然的餐敘中，他爽朗的笑聲、健談的語調非常吸引人，政治工作的壓力很大，應酬很少會放開心和初次見面者暢談。但蕭醫師言談的深度、廣度，特別是人生大風大浪後，卻舉重若輕、自在從容的態度，非常具備攝受力。

於是乎，我和蕭醫師就從政治、國際、兩岸、長照、醫院管理等方方面面話題、無所不聊，我像顆海綿般、吸收甚多、獲益不少，深感能接觸在地如此淵博、親切的善知識，實乃福報。

認識蕭醫師前，先結識其長公子乃彰，真有虎父無犬子之感。當時我還只是參加黨內議員初選，連議員參選權都不一定拿到，僅表達希望拜會之意。

沒料到，乃彰給了我很大面子，立即大陣仗召集院內各部門為我進行一場極精采的簡報並參觀院區。不只讓我了解整個龐大的體系如何管理維持，同時提出許多社區醫療、長照體系的前瞻看法，讓我深感佩服與感動，也著實充實了我相關衛福議題的問政厚度。眾所周知，健保制度造福台灣人民世世代代，卻也為醫療體系帶來偌大衝擊，不少體質不良的中小型醫院，要不是苦撐待變，要不就早早退休打烊或轉型委身社區診所。

唯獨蕭中正醫院，不但逆風而行，還持續創新、擴充壯大，更讓人難以置信的是，板橋市區最著名的醫學中心亞東醫院，就近在咫尺，還在同一條馬路上，蕭中正醫院不但沒被擊敗，反而因醫療分工、患者分級分眾確實，互相搭配合作，讓亞東醫院的存在反而更壯大了蕭中正醫療體系。此例實堪典範。

早期婦產科在民國六、七十年代生育高峰，是非常忙碌的年代，蕭醫師親手接生的嬰兒不計其數、如今在各行各業各司其職，不同場合遇見，很多人還會主動相認這一位人生中除爸媽外，第一位遇見的貴人，真是溫馨難得的緣份。

蕭醫師始終抱著醫者父母心的心情，和患者維繫著良好的醫病關係；對社區，板橋在地發展生根的他，更秉持著取之於社會、用之於社會的回饋心情，舉辦無數的健康座談、免費社區義診，運用己身的醫療資源提供社區居民最窩心的服務。

蕭醫師醫術超群，經營醫療事業群更具前瞻創新眼光。台灣早期人口增加急速，近年來卻是反其道，少子化導致人口老化問題嚴重。蕭中正醫療體系早在政府關注長照前，便積極推動照護制度，前些年，三峽清福醫院更是醫、養結合的成功案例，為地方所津津樂道，至今早已是一床難求。

而為更專業照顧慢性疾病患者，也將觸角延伸至社區藥局，提供一系列完整專業照護。不但設想周到、管理方式更有其一套獨到、效率的方式。

八十高齡，眾人前表演深蹲屈膝而起，臉不紅氣不喘、面不改色，永遠保持活力，始終抱持學習心情讓自己維持持創新、提升的動能，這就是蕭醫師的本色；也是蕭中正醫療體系不斷成長、持續拓展的最佳原動力！

有幸認識蕭醫師這位親切、堅毅又與時俱進的長者。八十，相信對熱情洋溢的他來說只是開始。祝福蕭醫師圓滿人生、人生圓滿！

何博文

一生濟世的熱血良醫

靜宜大學校長　唐傳義

一輩子只做一件事，行醫濟世，不但將畢生所學全心奉獻給病患，更持續精進醫術，只為讓病患能減輕病痛早日恢復健康，傳義對他這份仁心仁術的醫者情懷，非常佩服與感動。

跟著蕭總裁重溫他的行醫之路，彷彿進入時光隧道，從他描述的兒時趣事、求學及工作歷程中，看到了台灣早期的生活樣貌，以及五十多年來的社會變遷，而一直不曾改變的是他對病人的慈愛。《中正醫路》記錄了蕭總裁從醫以來的心路歷程，也讓我們看見他傳承一代婦產科宗師——徐千田博士的腳步。書中的每個片段，都是他人生的重要轉捩點，也是他的處世態度。印象最深刻的是，他即使肩負沉重壓力，卻能在精進醫術與高薪跳槽的抉擇中，選擇了對自己最能交代的那一個，可見其對自我的高度要求，以及對病患的嚴謹態度。

健保制度影響醫療體系的營運模式，在許多診所紛紛停業之際，蕭總裁仍不放棄一生行醫的理想，幸而有子乃彰承襲衣缽，兩人聯手將婦產專科診所轉型為地區醫院，並在設身處地為病患解決問題的理念下跨業經營，整合成符合數位時代趨勢的蕭中正醫療體系。

這些年來與蕭總裁有多次的合作機會，不論他是院長、還是總裁，一生最在乎的始終是病人健康與權益，而這份「視病猶親」嚴肅對待生命的態度和為人處事的教養，是台灣培育良醫最好的良師，也是每位讀者的人生典範。

唐傳義

努力醫路，幸福圓滿

大學眼科醫療體系總裁暨總院長　林丕容

我與蕭前輩中正大將一樣是從醫師到總裁之路，更能深刻體會前輩的醫路努力之艱辛不易，然而看蕭前輩持續的自我修煉成長、照顧患者並注重家庭，更令人非常敬佩！

蕭前輩從小到醫師成長創業之路，是台灣大時代背景下，政經情勢及醫療行業期間的寫照。我親人是婦產醫生，也曾受教於徐千田教授，在那段健保開辦前的黃金年代，辛苦開業忙碌，風光無限受人尊敬。之後受健保影響，面臨衝擊的艱辛歷程，更能體會蕭前輩在轉變過程的艱難，然而蕭前輩持續堅持，在夫人的鼓勵下，多方面學習考了各種證照，正向思考能量無限，經營辛苦中持續努力學習，是我們醫師最好的榜樣，於我心有戚戚焉！

所幸皇天不負有心人，乃彰回來帶著一身的武藝、前瞻知識與膽識，父子同心其利斷金共同努力下，由專科蕭中正婦產科醫院到綜合醫院，再發展到全台首間醫養結合的醫院，乃至全世界少有的創新模式——蕭中正醫療體系，在長照方面擁有最豐富的跨界整合醫療與養護的實務經驗！

與乃彰熟識後，一直很納悶，為什麼他能有這麼開朗樂觀的正能量人格特質及優質的智慧情商，才能夠經營醫養結合、照顧慢性病患及聯盟長照行業。由書中了解，前輩與乃彰由策略定位討論、持續培養人才建置團隊、帶領出各種科技與醫療應用整合的各種醫療機構，終於達成醫養結合跨領域創新之路。

由書中才了解到乃彰有這麼好的爸爸、媽媽及家人，優秀的基因加上自我持續不斷的努力，從小留學生到美國婦產科醫師，經由 WebMD 及秀傳體系營運長的歷練，加上在爸爸醫院的基礎上，持續努力探索法規，積極推進解決問題及各種困難，結盟各策略伙伴，終在各種新創醫療服務的應用場景、醫學科技與醫療品質上完成各項業務，其中之艱辛困難，如人飲水冷暖自知。

然而這是未來趨勢，蕭中正醫療體系已在時代潮流趨勢的前端，未來必定越來越好，嘉惠更多病患民眾。

綜觀全書，蕭前輩可謂「一生懸命」，努力醫路，由三不朽之立德、立功及立言，皆為我輩醫師所景仰，特別是熱血醫師魂永不熄滅，及不輕言退休之凍齡秘密，更是我輩醫師的典範！

更令人感動的是與夫人的恩愛之情，對子女教育培養的父母之愛，而後有乃彰承接衣缽發揚光大，夙倩賢良淑德幸福美滿，彥彰傳承手藝整外聖手。無論是醫師醫療事業與志業，家庭生活子女優秀，夫妻間鶼鰈情深，在在都讓我感受到您「幸福圓滿」！

祝福您八十大壽生日快樂，永遠青春健康！

向一位一生熱血的醫生總裁致敬

普華商務法律事務所主持律師　蔡朝安

我與蕭總裁素昧平生，但是作為蕭中正醫療體系營運長蕭乃彰醫師的好朋友以及《中正醫路》大作搶先的拜讀者，我非常樂意以一個受益良多的讀者身分，誠摯推薦蕭總裁的大作。

在我們台灣的社會，醫師的刻板形象總是嚴肅不可親近，醫師所說的話語或所書寫的文字總是艱澀困難，難以拉近距離。但蕭總裁的大作《中正醫路》難得的是一個例外。

閱讀這本蕭總裁的自傳，就好像聆聽一個親切的長輩，用平實懇切的話語，娓娓道來一個不忘初心、熱血醫師的精彩故事。

蕭總裁成長在屏東鄉下的台灣光復初期，經歷了那個年代的台灣人會經歷的物資缺乏的歲月，但是在蕭總裁的筆下，對於童年的註腳，卻是簡單的一句「我的童年真的是一段很愉快、沒有壓力、充滿歡笑的快樂時光」。蕭總裁一貫雲淡風輕的高遠心境可見一斑。

在蕭總裁的自傳中，讓我最為印象深刻的有幾個段落：

第一個段落，是在蕭總裁描述「台灣連體嬰接生」其中繪影繪聲的情境。蕭總裁在文中所提到連體嬰手術的困難情節，以及極低的存活率，讓我對於婦產科醫生工作所面臨的壓力與挑戰，有了身歷其境的體會。

第二個段落，在於蕭總裁描述醫療訴訟的章節。原來醫療糾紛的案件，特別是刑事的追訴，對於醫師平日從事的醫療工作，確實帶來極大的風險與變數。看完蕭總裁對於醫療案件的分析與說明，讓我更能了解醫師工作箇中的甘苦。

第三個段落，是有關蕭總裁討論全民健保衝擊的層面。透過蕭總裁的生動敘述，簡單幾個段落就讓一個讀者，從醫療制度的門外漢，對於健保制度有了清楚輪廓的瞭解，筆力確實深厚。

另外一個讓我印象深刻的段落，在於蕭總裁所描述有關營運長ＰＫ總裁的章節。看到一位這麼資深的醫師，仍然能夠放下向來豐富經驗的身段，自我退居二線，容許及支持年輕的接班人——我的好友乃彰醫師，勇敢轉型，重新定位營運方向，讓我對於蕭總裁「虛其心」的宏觀格局，感到由衷的敬佩。

這本「中正醫路」，絕對是值得細細品味，好好通讀的大作。在書裡面有豐富的故事，有台灣的歷史，有醫療的知識，同時也有值得學習的榜樣。

我向大家大力推薦。

一切以病患為中心出發

花旗集團台灣區總裁　莫兆鴻

蕭中正醫院在板橋地區名聞遐邇。《中正醫路》是蕭中正總裁的自傳，書中不單只講述蕭總裁的成長背景、求學行醫等歷程，還包括與夫人親子間溝通相處之道，以及如何帶領醫院重新定位轉型，企業永續經營等議題，我細讀此書後深受感動，同時感觸良多。書中傳達的不光是一個醫者成長及行醫的過程，還有身為企業總裁在面對挑戰時的思維及經營之道。

蕭總裁成長在戰亂的時代，童年在「躲空襲」、「吃不飽」的記憶中渡過。他自小深受到父母親與人為善及務實性格的影響，加上拜師在「大將神醫」徐千田門下，奠定蕭總裁嚴謹紮實的醫術及設身處地為人著想的胸懷。

「以客戶為中心（Client-Centric Culture）」是花旗銀行最重要的核心價值，蕭總裁醫療服務的核心價值也是以病患為中心為出發點。蕭中正醫療體系會成功，也是其「視病猶親」的理念和站在病患角度思考的態度。蕭總裁對待每一位病人都如此，將心比心，不只治療大眾的病痛，也將病人視如己出般對待，此一精神著實令人感佩。

面對全民健保的衝擊加上時代的變革，醫療體系也要不斷轉型。蕭總裁先知灼見，維新求變，在其子蕭乃彰營運長的領導下，讓婦產科蛻變成為蕭中正醫療體系，從早年婦產科專科，到現在多角化經營，旗下包括醫院、診所、物理治療所、居家護理所、連鎖藥局、交通運輸車隊及醫藥實業公司，所有服務緊緊圍繞著病患的需求。與時俱進、勇於開創，也是其企業成功的關鍵因素。

蕭中正醫院深耕在地逾四十年。在總裁夫人高瞻遠矚之下，當年的蕭婦產科落腳板橋，而後在板橋地區扎根。歷經了擴建、提升為地區醫院、加入健保、軟硬體更新、優秀醫療團隊的投入，每一步都見證了板橋民眾醫療品質與資源的提升。另一方面，其醫療團隊挹注企業資源走出醫院，走入社區，推動社區醫療服務，包括巡診、遠距照護、健檢、疫苗注射等，為社區提供專業醫療服務及醫療資訊，落實企業社會責任。

醫療變革是進行式，演進的速度及變化超乎我們的想像。面對大環境的挑戰，蕭總裁及營運長擁抱變革，發展長照醫療生態系、打造台灣第一家醫養結合的醫院，並與其他醫療院所策略聯盟，借力使力加速自身成長。

這不只是其他醫療診所可效法的範本，我自身所處的金融業及其他行業在面對挑戰時也都要有擁抱變革的決心，才能在充滿變化的時代站穩腳跟。無論是否為醫療從業人員，蕭總裁的故事都值得大家一讀。

莫兆鴻

柳營奇美醫院榮譽院長　莊銀清

啟發後輩

蕭總裁是一位專業的婦產科醫師，一手創立蕭中正醫療體系，體系涉足的領域相當廣泛，除了醫院、診所、藥局傳統的醫療領域外，更包括科技、ＡＩ的最新技術，這代表著蕭總裁個人活到老、學到老的創新精神，而不是墨守成規。

從書中，我們可以理解到在早期醫療資源匱乏的時代，蕭總裁個人如何立志成為醫師，如何拜入人稱「大將醫神」徐千田前輩門下的學習過程，如何成為一位專業醫師。

這不僅是一本個人傳記，這對於所有有志從事醫療行業的年輕學子有很好的啟發作用，更讓外界可以一探醫師的生活過程和家庭生活，相信對於醫界及一般民眾都可以更加互相的理解。

莊銀清

蕭院長父子成功特質很多，「誠」是最重要的一點

凱基銀行法務長　章勁松

二十多年前我到波士頓求學，學長介紹我認識蕭乃彰營運長時，跟我說了兩件關於他的事：第一個，到波士頓的台灣留學生幾乎沒有人不認識 Jack Hsiao，另一個是當時從板橋來的留學生很多都是乃彰的父親，也就是本書主角蕭中正院長接生的。當然這是朋友間誇大的玩笑話，不過一方面顯示乃彰的好人緣，也代表蕭中正院長長期在板橋結緣而建立起了深厚的在地關係。

乃彰與惠敏夫婦待人真誠熱情，永遠精力充沛，在波士頓的留學生圈與僑界非常受歡迎。回到台灣後遇到院長及夫人，馬上就能理解乃彰所受到家裡環境的薰陶影響，並且承繼了家中父母的特質。

每次見到院長都是笑咪咪的，他會興致高昂地開始跟你聊天，專注地傾聽你的近況或熱情地分享他的故事，完全沒有架子，似乎這家的男生血液裡都流著一種陽光男孩的因子；院長夫人是教育家，三個子女學業與品德的優異表現其來有自，見過院長及夫人的朋友一定都同意夫人完美詮釋了何謂「賢內助」，夫婦鶼

鰈情深在我們一群年輕朋友中沒人比得上。

除了因為朋友關係與蕭家有密切的往來與相處外，我另外有比較深入接觸了解蕭中正醫療集團的運作與未來規劃的機會。提到蕭中正醫療體系，絕大多數人直覺想到位在湳雅夜市對面的蕭中正醫院，但不一定清楚它提供的服務範圍與項目，早已超越一間地區醫院的規模。從最初的蕭婦產科診所到現在，蕭中正醫療體系發展已逾四十年，在蕭總裁與營運長父子協力打造下，已是一個包括清福醫院、血液透析中心、居家護理所等好幾個營運體的醫療集團。

若是對於台灣醫療與健保環境較為熟悉的人就會知道，蕭中正醫療體系能以獨立私人醫院的方式，在沒有財團或公家背景的支持下持續發展有多麼不容易。台灣採行健保制度後，將醫療機構分為「醫學中心」、「區域醫院」、「地區醫院」以及「診所」四級，經過二十多年的運作，卻形成了健保資源的分配集中在醫學中心與區域醫院的情形，使得地區醫院面臨經營困境，從地區醫院由全盛期七百多家減少到現在的三百多家可見一斑。

在這樣地區醫院普遍萎縮看不到未來的環境中，蕭中正醫療體系殺出重圍，透過將他們的服務「模組化」、「碎片化」等方式，內建到其他長照機構或是合作單位中，打破了蕭中正醫院本身實體的限制，無限拓展延伸了服務的能量，所服務的病床數除了自家醫院，更延伸到新北市超過百家的長照機構，已不只是新北市最大的地區醫院，更已達到區域醫院的服務規模。這種我姑且稱為「化整為零」的方式別具一格，成為地區醫院的經營典範，各家地區醫院競相仿效。

這樣的發展歷程並不容易，須經歷內外部不斷的嘗試、衝撞與磨合，很多關鍵時刻需要 vision 以及堅持，院長和營運長成功的原因與特質很多，但其中很重要的一項我認為是「誠」。

他們對待病患及親屬以誠，為追求卓越，持續自我改善，通過別人最怕的醫院評鑑，即使遇到醫糾也負責任的面對處理，因此深獲病患信賴；他們對待醫護同仁以誠，除了待遇不錯，也常舉辦活動凝聚向心力，因此同仁忠心追隨；他們對待合作夥伴以誠，避免與合作夥伴進行競爭業務，與夥伴共存共榮。

蕭中正醫療體系的下一步是透過資本市場擴大規模，服務更多人群，我們衷心祝福，拭目以待。

章勁松

大葉大學消防安全學程暨研究所兼任教授　何岫璁

蕭醫師是一位快樂、瀟灑的活菩薩

蕭醫師我當稱呼蕭伯父，晚輩才疏有幸認識，更從書中學到許多蕭醫師人生的寶貴經驗和觀點，是晚輩的莫大榮幸。

二〇一五年八月在蕭中正醫院分享火災避難評估技術，因而結識蕭乃彰營運長。四年來，歷經二十餘次的會議討論，多次被營運長實事求是、追根究底的精神打動。儘管幾次餐會與蕭中正醫師有過短暫交談，但只知蕭醫師非常專業、勤奮、風趣，卻沒多少機會能交談和互動。

直至二〇一九年二月，在大葉大學、蕭中正醫療體系、頂曜防災顧問三方整合醫、產、學、研能量，共同合作發展智慧醫療防災的簽約儀式後，從彰化回台北的旅程中才跟蕭醫師有進一步的互動。閒聊中，蕭醫師將我的學歷、經歷、著作、研討會、期刊發表緩緩描述，在驚訝之餘，也對眼前這位慈祥醫師的用心感到非常佩服。

從事消防工作的我，立志將「救人」當成職業和志業。這點在蕭醫師近二萬日的行醫旅程，充分得到實踐，而且蕭醫師樂在其中。事業從最初的蕭婦產科診所到地區醫院、再到區域醫院並提供多元服務的醫療體系，蕭醫師充分做到「立德」、「立功」、「立言」，是一位快樂、瀟灑的活菩薩。

這是本砥礪人心的自傳，蕭醫師當年「拒絕七兩金挖角」用心跟隨「大將神醫」徐千田醫師學習，克服開業、醫糾、轉型、評鑑的種種挑戰，終至今日蕭中正醫療體系的成就。

對時下年輕學子來說，這是積極奮鬥的成功典範，代表只要功夫紮得深、成功永遠不嫌晚。蕭醫師為家、病患、家屬、社會的大愛情懷，更是令人無比佩服。誠摯推薦此書，慢慢閱讀、細細品味，蕭醫師帶我們暢遊歷史、享受甜美的人生喜悅。

滙豐中華證券投資信託股份有限公司董事長　李選進

醫路走來，伉儷情深

「謝謝你們生下了我，除了感恩還是感恩。」

這是著名婦產科醫師蕭中正總裁，常常對他在天上的父母所說的。相信也是成千上萬在蕭總裁幫助下來到這個世界的孩子們的心聲。

在《中正醫路》這本回憶錄裡，我們看到蕭總裁從童年、求學、成家立業、成為父母、創立醫院以及子女們長大成才，各有成就並且兒孫滿堂。同時我們也看到台灣經濟社會從日據時代到今天的歷程，以及台灣醫療體制的發展與變遷。但令我們最感動的是蕭總裁對夫人的愛，以及對兒女們的關懷和支持。

蕭總裁成功的力量來自家庭和他始終秉持的那份「視病猶親」的初心。

讓我們一起祝福蕭總裁繼續堅持在他所熱愛的懸壺濟世志業上，和他優秀傑出的繼承人蕭乃彰營運長一起將蕭中正醫療體系發揚光大，造福大眾！

李選進

三商餐飲股份有限公司董事長　陳翔玢

轉型成功，基層醫療楷模

非常感謝好友蕭乃彰營運長邀請我為其父親蕭中正醫師《中正醫路》一書寫序，深感榮幸。

蕭醫師從年輕時起，即展現過人的天賦及意志，其為中國醫藥學院第一屆的畢業生，在恩師婦產科權威徐千田醫師的指導及栽培下，不僅在醫學專業上奠定了深厚的基礎，更深受徐醫師的人格薰陶，視病猶親，問診深入親切，患者無不讚許與肯定。蕭醫師隨後於民國六十四年在板橋南雅南路上開立了「蕭婦產科診所」，為民眾提供更多的醫療服務。

過去一甲子以來，我國醫療體系及健保制度的改變甚鉅，從教學醫院至地方診所，都面臨了極大的挑戰，蕭醫師面對產業變局，非但未受衝擊，反而能靈活運用優勢，將蕭婦產科診所成功的轉型成為以長期慢性醫療為主的區域型醫療體系，所涵蓋的領域包括醫院、診所、物理治療所、居家護理所、藥局、運輸車隊及醫藥公司等，提供病患身體、心理、精神全方位照顧，成績斐然。

蕭醫師除擁有成功的事業外，更有美滿的家庭，在蕭醫師成功的背後必定要提及堅強的後盾——副總裁藍英美女士。蕭夫人不僅是賢內助，更是蕭醫師事業發展上的得力助手，其除了將家中事務打理的井然有序，教育子女盡心盡力外，亦協助診所及醫療體系的營運管理工作，夫妻始終同心打拚，令人稱羨！

其子蕭營運長自幼成績優異，表現傑出，對科學有著濃厚的興趣，參加科展屢屢獲獎，他追隨父親的腳步投入醫學研究，並在美國擔任婦產科醫師，在蕭婦產科診所面臨轉型之際，隨即返國運用其海外所學，父子合作無間地將地區型醫院轉型成擁有數百名員工的醫療體系，實屬美談。

不論是蕭醫師高尚的人品、成功的經營哲學及創業歷程、對家庭的重視及家庭成員間的互相扶持，均值得讀者們細細品味及學習，故我誠摯地推薦本書。

中華職業棒球大聯盟會長　吳志揚

傳承理想的精神

蕭中正醫師和我父親同年，我的祖父也是一位醫師。我從小就看著祖父行醫，知道醫生的責任非常繁重，舉凡人的生老病死都和醫師有關。蕭中正醫師的自傳中，把他從小的求學過程，如何立志當醫師、如何成家立業，如何把視病猶親等行醫理念，全部都記述在這本書中。看著這本傳記，對我祖父懸壺濟世的印象也不斷浮現在我的腦海。我的祖父曾開立中壢醫院以及新國民綜合醫院，他經常義診免費行醫。而蕭中正醫師對於經濟能力不佳、付不出錢的病人上門求診，也總是先醫治再說，這就是仁心仁術的最佳寫照。不論是我祖父或是蕭中正醫師，這種行醫者的精神，應該要永遠流傳下去，讓後代傳承前輩努力、奮發、濟世的理念及理想。

盛弘醫藥股份有限公司董事長　楊弘仁

承先啟後，相知相惜

我和乃彰兄結識於一九九四年波士頓，至今已有廿五年情誼。留美期間受他照顧，返台後也並肩作戰至今，革命情感極為深厚。

今日拜讀尊翁蕭伯伯的回憶錄，內心更是澎湃不已。乃彰兄和我有許多共同點，其中最重要的是，我們都有一位偉大的父親。蕭伯伯的行醫生涯和創業歷程與家父非常相似，不但見證了台灣醫療發展史，也深刻描繪了台灣醫者濟世濟民的偉大圖象。我和乃彰兄何其有幸，能分別在父親的創業基礎上擔負起承先啟後的任務，在艱辛的路程中相知相惜，攜手前行，實在是莫大的福份。

敬愛的蕭伯伯，謝謝您為台灣醫界樹立最佳典範，更祝賀您後繼有人，青出於藍。我深信乃彰兄會帶領新的世代，在中正醫路上大步邁向世界舞台的中心！

楊弘仁

華能光電科技股份有限公司董事 謝文泓

我把我人生的第一次獻給蕭伯伯

為了蕭伯伯的這本書，我獻出自己寫序的第一次。雖然先前也有其他人的邀約，但我都婉拒了，因為我的中文不是很好，國中還沒畢業就離開台灣去美國念書，而且我覺得寫序這是一件非常重要且神聖的事，一定要好好的寫才行。

不過，這次乃彰的邀約可不能推拒，我們一家人過去這二十多年來受到蕭家一家人的照顧及幫助，我跟我太太都非常的感恩，這是我必須要答應這邀約的理由之一。

蕭伯伯是我太太的婦產科醫生。自從我和我太太結婚以後，其實我們試了好幾年但一直都沒有順利懷孕，我們也數次諮詢蕭伯伯，透過他間接的幫忙，我們才有了一個活潑健康的孩子，也是蕭伯伯口中的「劉德華」。蕭伯伯是一位非常用心也很幽默的婦產科醫生，他常稱呼孕婦的小孩為「劉德華」或「林青霞」，讓人聽了很開心。

當我一開始看這本書的時候，覺得這是蕭伯伯的回憶錄。但一路看下去，就覺得這本書幾乎可說是一本台灣的醫療近代史，或一本教育小孩的寶典，從中還可看到未來醫院發展的潮流趨勢。除此之外，這本書更像是一本愛情史，充分展現出蕭伯伯對父母大人的愛、對孩子的愛、對老師及同僚的愛，以及更多的是對人生牽手蕭媽媽的愛，滿溢在字裡行間。

這是一本情意真誠、動人心弦的作品，讀完之後我深受感動，也誠心推薦這本書給所有的有緣人。

謝文泓

衛生福利部基隆醫院院長　林慶豐

為父之心，為醫者情

很榮幸能在蕭院長的回憶錄中提筆推薦，本人認識蕭院長是透過好友蕭乃彰醫師（Jack）營運長與其父（蕭中正院長）認識。

在民國一〇一年我擔任衛福部樂生療養院院長時，與蕭中正醫院簽訂兩院醫療合作備忘錄，加上好幾次受邀參加該院的春酒活動，更加認識蕭院長在管理的長才與做人處事嚴謹與謙和的態度，特別是他與子女及家人美好互動的關係，可說是「為父之心，為醫者情」，真是值得我們後進學習的榜樣。

蕭中正院長是醫界的前輩，讀他的生平事跡，可以知道台灣早期培養醫師的專業精神，確實是以病人為中心的教育方式，從進入醫學系、選科、實習加上實務上的訓練，都是為了精熟自己的醫術，以達到救世濟民的宏願。

台灣實施健保後，讓醫界的型態有些許轉變，不得不否認，確實有些醫生是以追逐金錢為目標，導致有些科別的醫師逐漸欠缺。

在這個背景下，我要推薦各位以醫學為志願的年輕人，可以先讀蕭中正院長的這本著作，了解一個八十多歲仍在醫界服務的「先生」，是怎麼走過這漫長的服務之路，相信可以讓各位更加確定走上醫學的初心，用來對待病人，用來對抗疾病。

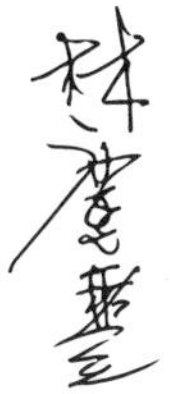

People 451

中正醫路——從醫師到總裁

口　述—蕭中正
作　者—吳佳晉、鄭閔之
副 主 編—謝翠鈺
執行編輯—悅閱多媒體股份有限公司
封面設計—劉蕙文、游雅玲、游鎮宇
內文排版—劉蕙文
封面攝影—沈位達
照片提供—蕭中正醫療體系
校　對—蕭中正醫療體系

董 事 長—趙政岷
出 版 者—時報文化出版企業股份有限公司
108019臺北市和平西路三段二四〇號七樓
發行專線—（〇二）二三〇六—六八四二
讀者服務專線—〇八〇〇—二三一—七〇五
（〇二）二三〇四—七一〇三
讀者服務傳真—（〇二）二三〇四—六八五八
郵撥—一九三四四七二四時報文化出版公司
信箱—一〇八九九　台北華江橋郵局第九九信箱
時報悅讀網—http://www.readingtimes.com.tw
法律顧問—理律法律事務所　陳長文律師、李念祖律師
印　刷—勁達印刷有限公司
初版一刷—二〇二〇年十月二十三日
定　價—新臺幣三五〇元
（缺頁或破損的書，請寄回更換）

時報文化出版公司成立於一九七五年，
並於一九九九年股票上櫃公開發行，於二〇〇八年脫離中時集團非屬旺中，
以「尊重智慧與創意的文化事業」為信念。

中正醫路：從醫師到總裁 / 蕭中正作 . -- 初版 . -- 臺北市 : 時報文化 , 2020.10
面；　公分 (People ; 451)

ISBN 978-957-13-8327-9（783.3886）(平裝)
1.蕭中正 2.醫師 3.臺灣傳記
783.3886　　109007569

ISBN 978-957-13-8327-9
Printed in Taiwan